EL COMPAÑERO DE BOLSILLO
BASADA EN LA *GUÍA DEL PMI*

I0068997

Other publications by Van Haren Publishing

Van Haren Publishing (VHP) specializes in titles on Best Practices, methods and standards within four domains:
- IT and IT Management
- Architecture (Enterprise and IT)
- Business Management and
- Project Management

Van Haren Publishing offers a wide collection of whitepapers, templates, free e-books, trainer materials etc. in the **Van Haren Publishing Knowledge Base**: www.vanharen.net for more details.

Van Haren Publishing is also publishing on behalf of leading organizations and companies: ASLBiSL Foundation, CA, Centre Henri Tudor, Gaming Works, IACCM, IAOP, IPMA-NL, ITSqc, NAF, Ngi, PMI-NL, PON, The Open Group, The SOX Institute.

Topics are (per domain):

IT and IT Management	Architecture (Enterprise and IT)	Project, Program and Risk Management
ABC of ICT	ArchiMate®	A4-Projectmanagement
ASL®	GEA®	ICB / NCB
CATS CM®	Novius Architectuur Methode	ISO 21500
CMMI®	TOGAF®	MINCE®
CoBIT		M_o_R®
e-CF	**Business Management**	MSP™
Frameworx	BiSL®	P3O®
ISO 17799	EFQM	*PMBOK® Guide*
ISO 27001/27002	eSCM	PRINCE2®
ISO 27002	IACCM	
ISO/IEC 20000	ISA-95	
ISPL	ISO 9000/9001	
IT Service CMM	OPBOK	
ITIL®	SAP	
MOF	SixSigma	
MSF	SOX	
SABSA	SqEME®	

For the latest information on VHP publications, visit our website: www.vanharen.net.

PMI.

NETHERLANDS CHAPTER

El Compañero de Bolsillo

de la *Guía del PMBOK*®

Basada en la *Guía del PMBOK*® 5ª edición del PMI

Una breve introducción a
**"La Guía de los Fundamentos para la Dirección
de Proyectos"**
(Guía del PMBOK®)

Anton Zandhuis PMP
Paul Snijders PMP
Thomas Wuttke PMP

Van Haren
PUBLISHING

Logotipo

Título:	El Compañero de Bolsillo de la *Guía del PMBOK®* – Basada en la *Guía del PMBOK®* 5ª edición del PMI
Serie:	PM series
Autores:	Anton Zandhuis PMP
	Paul Snijders PMP
	Thomas Wuttke PMP
Revisores de la traducción al español:	Adriana Morando PMP
	Alfonso Bucero MSc, PMP, PMI-RMP, PMI Fellow
	Claudio Escandarani PMP, CISSP
	Daniel Skigin PMP
	Federico Varchavsky
	Gastón M.Horvat PMP
	Jesús Sierra Lluch PMP
	Joan Oliveras PMP
	Miguel Femenia Cholbi PMP
	Oscar Santos PMP
	Óscar Úbeda PMP (INTA)
	Rafa Pagán PMP, PMI-ACP
	Xavier Mulet CISA, PMP
Revisores 3ª edición:	Porfirio Chen (PM Consultant)
	Iain Fraser (Project Plus Ltd)
	Thomas Walenta (IBM Industrial Sector, Automotive & Electronics North)
	Bill Yates (Velociteach)
Equipo de traducción al español:	José Barato (líder del equipo de traducción)
	Ariana Cisilino
	Jose Ramon Arlandis
	Jose Esterkin
	José Lopezosa
	Fernando Lucas
	Javier Martin
	Mercedes Martinez
Corrector:	Diana Hochraich
Editorial:	Van Haren Publishing, Zaltbommel, www.vanharen.net
ISBN papel:	978 90 8753 752 4
ISBN ePub:	978 94 018 0547 6
ISBN eBook:	978 90 8753 574 2
Impresión:	Primera edición, primera impresión, mayo 2014
Diseño:	CO2 Premedia, Amersfoort – NL
Copyright:	© Van Haren Publishing, 2009, 2014

Prólogo a la edición española

Hace tan sólo una década, era algo asumido en nuestra comunidad profesional que *"los proyectos se gestionan en inglés, el idioma oficial del Project Management"*. Cuando teníamos que dirigir un proyecto importante, esos que había que planificar y controlar con sumo cuidado (los que merecía la pena poner en el *curriculum*) aunque el cliente hablase español, esperaba de nosotros que utilizáramos términos como *WBS, CPI, schedule, stakeholder, status report, forecast, contingency reserve, risk register, issue, workaround*, etc. El PMBOK® ya era el estándar "de facto" para gestionar proyectos, pero la traducción al español todavía no era muy demandada. Cuando preparábamos nuestro examen para conseguir la acreditación PMP® (*Project Management Professional*) o CAPM® (*Certified Associate in Project Management*) estudiábamos y nos examinábamos en inglés. Para los que no teníamos buen nivel de inglés, aquel examen de cuatro horas nos parecía más un examen de inglés que de gestión de proyectos.

A mi juicio, uno de los mayores avances de esta última década en la práctica de la Dirección de Proyectos, es que hoy día, en los proyectos de habla hispana *"ya se puede gestionar en español"*. Los Directores de Proyectos ya solo tenemos que hablar inglés con los interesados de habla inglesa. Si el proyecto lo hacemos entre argentinos, chilenos, colombianos, peruanos y españoles, por ejemplo, ya podemos comunicarnos en nuestra lengua materna, mucho mejor que antes. La comunicación eficaz es un factor clave en cualquier proyecto.

Este importante avance se debe, en gran medida, al esfuerzo que ha venido invirtiendo PMI para traducir correctamente la *Guía del PMBOK®* y las preguntas del examen y por supuesto, a iniciativas como la traducción de este libro que está usted a punto de leer. La *Guía del PMBOK®* está diseñada principalmente como material de referencia, pero no es el mejor material de estudio o difusión. Aun así, ya empezamos a saber de colegas que consiguen su título ¡sin saber inglés! Este **Compañero de Bolsillo**

de la *Guía del PMBOK*® ayudará a que los profesionales que quieran certificarse vayan al examen en igualdad de condiciones.

Esta guía de bolsillo nos ayudará a difundir las buenas prácticas globales estandarizadas de gestión de proyectos en la comunidad de habla hispana, y particularmente a los interesados clave de nuestros proyectos. Cuando los interesados del proyecto usan y comparten un mismo enfoque de gestión, la comunicación dentro del proyecto se hace más fácil.

En el caso de España, este libro llega en el mejor momento, con más de 5.600 PMP® en la actualidad y creciendo más de un 50% anual. ¡Esperemos que este libro sirva de ayuda a todos estos profesionales! La traducción de este libro ha sido posible gracias a la labor desinteresada del siguiente equipo de voluntarios internacional del PMI: Jose Daniel Esterkin (Capítulo de Buenos Aires); Javier Martín (Capítulo de Barcelona); Ariana Cisilino, Fernando Lucas, Jose Ramón Arlandis y José Lopezosa (Capítulo de Valencia); Mercedes Martinez y un servidor (Capítulo de Madrid). Adicionalmente participaron 13 revisores externos del PMI. No menos importante ha sido la inestimable ayuda de Anton Zandhuis, uno de los autores, y Bart Verbrugge, Director Editorial. En nombre de la comunidad de Directores de Proyectos de habla hispana: ¡Muchas gracias!

Jose Barato, PMP®, PMI-ACP℠
Director del Proyecto de la traducción al español

Prólogo

Cada año se gastan miles de millones de dólares a nivel mundial en la realización de proyectos en todos los sectores de actividad, cuya finalización exitosa se ha convertido en un aspecto esencial del crecimiento y de la supervivencia a largo plazo de las organizaciones. En este contexto, el éxito va más allá de la mera casualidad o de la eficacia de un director de proyectos determinado. Para hacer realidad estos pequeños "milagros", todos los interesados deberían conocer las técnicas de dirección de proyectos y contar con una serie de procesos bien definidos que permitan asegurar una cooperación y dirección eficaces. Un pequeño cambio en la mentalidad y en el modo de actuar de los interesados del proyecto, con el objeto de lograr la cooperación de todos ellos hacia el éxito del mismo, tendría como resultado un incremento importante y continuado de proyectos exitosos. Con este compañero de bolsillo de la *Guía del PMBOK®* del PMI queremos promover este cambio.

Visto el éxito de la edición anterior, no hemos dudado en crear una nueva versión, totalmente alineada con la *Guía del PMBOK® – Quinta Edición* (2013). Si usted ya está familiarizado con la *Guía del PMBOK®*, el título de este libro, "El Compañero de Bolsillo de la *Guía del PMBOK®* – Basado en la *Guía del PMBOK®* quinta edición" le da pistas sobre el contenido, pero si la *Guía de los fundamentos para la Dirección de Proyectos (Guía del PMBOK®)* no se ha cruzado aún en su camino, debe saber que es ampliamente reconocida como un estándar mundial en dirección de proyectos, como lo confirma el hecho que tiene cerca de cuatro millones de ejemplares en circulación. Como es voluminoso, necesita una versión accesible y abreviada que facilite su adopción por una mayor audiencia. La guía de bolsillo pretende responder a dicha necesidad, proporcionando una introducción breve y directa así como un resumen a alto nivel de la *Guía del PMBOK® – Quinta Edición*.

A **nivel individual**, este compañero de bolsillo es especialmente útil para los principales interesados del proyecto: patrocinadores, directores de programas, directores de proyectos y miembros del equipo de proyecto, cuyos roles son clave en este libro. También es útil para los encargados del gobierno de proyectos o para los roles de soporte (por ejemplo, los miembros de una Oficina de Dirección de Proyectos -PMO-), o para los directores de portafolios. A todos ellos, la guía les proporcionará la ayuda necesaria para lograr:

- Un mejor cumplimiento de su papel en los proyectos, basado en la comprensión de las buenas prácticas básicas de la dirección de proyectos.
- Una mejor aplicación de la dirección de proyectos en todos los niveles de la organización.

Estos puntos constituirán la base fundamental de la implementación colectiva de una estrategia organizativa.

A **nivel organizativo**, este libro permite abordar de manera estructurada y fundamentada el ciclo de vida de un proyecto, asegurando al mismo tiempo que todos los interesados hablen "el mismo idioma", lo que mejorará la aplicación coherente de los procesos de dirección de proyectos, entendidos por todos. La flexibilidad del concepto, que no impone una estructura rígida, permite a todas las organizaciones y equipos de trabajo adaptarlo a su nivel y necesidades, empleando un enfoque denominado a veces "dirección de proyectos *lean*".

Con la publicación de la *Guía del PMBOK®*, el Project Management Institute (PMI) aspiraba a crear una guía para la dirección de proyectos. Muchas metodologías sobre el tema hacen referencia a este estándar, conocido como el estándar ANSI para los procesos de dirección de proyectos. La norma "*ISO 21500 – Directrices para la dirección y gestión de proyectos*" comparte la misma estructura (con ligeras diferencias en los términos utilizados) y coincide en más del 90% con los procesos mencionados en la *Guía del PMBOK®*. Otros estándares globales siguen más o menos la misma línea. La *Guía del PMBOK®* es, por lo tanto, un elemento esencial a la hora de participar en proyectos y trabajar conjuntamente por el éxito de los mismos.

Distintos estudios confirman que la excelencia organizativa en dirección de proyectos aporta beneficios tangibles a las organizaciones, permitiendo afrontar los problemas derivados de un entorno y demanda cambiantes. Aconsejamos a todos – a usted, a sus colegas de la dirección de proyectos y al resto de interesados –, familiarizarse con el conocimiento y los procesos de la *Guía del PMBOK®* con el objetivo de cosechar e incluso incrementar estos beneficios.

Enero 2013,

Anton Zandhuis, PMP
Paul Snijders, PMP
Thomas Wuttke, PMP

Índice

Capítulo 1
Introducción

1.1 Propósito de este Compañero de Bolsillo de la *Guía del PMBOK®*

Este compañero de bolsillo de la *Guía del PMBOK®* pretende ser una breve referencia que ayude a la rápida comprensión del propósito, del contenido y de los elementos clave de la quinta edición de la *Guía del PMBOK®*.

¿Cuál es el valor de la *Guía del PMBOK®*? La *Guía del PMBOK®* (Guía de los Fundamentos para la Dirección de Proyectos) está reconocida mundialmente como una referencia fundamental en la aplicación de los conocimientos y las buenas prácticas en materia de dirección de proyectos. Es el estándar de dirección de proyectos más antiguo y más ampliamente utilizado, publicado por el Project Management Institute (PMI), la asociación líder mundial de directores de proyectos. Numerosos estudios han confirmado que la aplicación estructurada de estas prácticas y conocimientos aumenta netamente el éxito de los proyectos. Los entornos de proyectos que aplican coherentemente estas buenas prácticas no sólo experimentan mejores resultados – menores costos y tiempos de entrega inferiores – sino que también proporcionan mayor satisfacción de los clientes. El nuevo estándar global de gestión de proyectos ISO 21500 ha confirmado la calidad de la *Guía del PMBOK®*, porque la estructura y el contenido de alto nivel de ambos estándares están completamente alineados. Por lo tanto, existe una amplia gama de beneficios derivados de la aplicación de las buenas prácticas en la dirección de proyectos descritas en la *Guía del PMBOK®*.

Una buena comunicación es esencial para la gestión de proyectos, cuyo contexto es mucho más dinámico que el de las operaciones "normales". Por este motivo, es necesario disponer de "un lenguaje común", entendido por todos los interesados del proyecto. Esta guía de bolsillo pretende establecer un vocabulario compartido y una terminología básica de la gestión de proyectos, creando así una interpretación común de los procesos que ésta implica, de los roles principales y de sus responsabilidades.

¿Qué no es esta guía? Indudablemente no es un libro de recetas de dirección de proyectos. El director de proyectos y su equipo tienen la responsabilidad final de decidir cuáles son las buenas prácticas que se deben aplicar a un proyecto específico, trabajando en estrecha cooperación con el patrocinador del proyecto y la dirección de la organización. A un nivel organizativo, esto se puede promover implementando una metodología de dirección de proyectos, sobre la base de estas buenas prácticas.

En pocas palabras, este libro de bolsillo pretende ser un colaborador clave y un activo tangible en la introducción y refuerzo de conceptos de dirección de proyectos, programas y portafolios en su organización, contribuyendo a mejorar la comunicación y la cooperación. Este libro contribuye a implantar la cultura de dirección de proyectos a nivel organizativo, proporcionándole los beneficios de "¡ejecutar bien y a la primera los proyectos adecuados!" En el Capítulo 3 se presenta una descripción más detallada de la *Guía del PMBOK®*, de sus definiciones fundamentales y de su estructura. En los Capítulos 4 a 13 se detallan las áreas de conocimiento de la dirección de proyectos y los procesos subyacentes.

1.2   Consejos prácticos para utilizar esta guía de bolsillo

Adjunto a la contraportada del libro se incluye un listado de todas las áreas de conocimiento y procesos aplicables. Cada capítulo de la guía dispone, en el margen lateral de las páginas, iconos representativos del área de conocimiento en cuestión, facilitando la rápida localización de cada tema mientras que el Anexo A presenta una selección de palabras clave y de definiciones de la *Guía del PMBOK®*.

1.3   La Dirección de Proyectos y su valor

Cada organización tiene su idiosincrasia, su cultura, sus retos, puntos de partida diferentes y problemas que resolver. La dirección de proyectos, concepto muy amplio, debe definirse exactamente. A continuación, se explican sus diferentes aspectos y el valor asociado con cada uno de ellos.

> *Definición del PMI*
> La dirección de proyectos es la aplicación de conocimientos, habilidades, herramientas y técnicas para cumplir con los requisitos del proyecto.

La aplicación de procesos de dirección de proyectos permite cumplir este objetivo.

Diferentes estudios demuestran que en el entorno actual, dada la creciente complejidad y los cambios rápidos y constantes que conocen los negocios, los proyectos gestionados mediante la aplicación estructurada de buenas prácticas basadas en procesos obtienen efectivamente un mejor rendimiento, particularmente en las siguientes áreas:

- "Entregar lo acordado", estableciendo expectativas realistas mediante la definición, planificación y estimación del proyecto.
- Reducir los plazos de entrega gracias a la reutilización de procesos comunes y conocidos de dirección de proyectos.
- Menos sorpresas durante la ejecución del proyecto, utilizando en forma preventiva los procesos de dirección de proyectos.
- Aumento de la satisfacción del cliente y disminución de modificaciones al entregar el producto o servicio correcto.

Las oportunidades que se presentan y el ahorro de tiempo y de dinero que se obtienen con una buena organización de dirección de proyectos son tangibles, pero el valor es mucho mayor e incluye beneficios menos tangibles como:

- Equipos altamente dedicados y motivados que pueden trabajar juntos a partir de objetivos claros, mediante una comunicación eficaz.
- Entornos de proyectos con una mentalidad implicando "se puede hacer" (*can-do*, en inglés), con objetivos ambiciosos pero realistas.
- Decisiones mejores y más transparentes en todos los niveles de la organización, a través de una comunicación más eficaz.

Estos beneficios cualitativos refuerzan las ventajas cuantitativas que permiten a una organización distinguirse de la mayoría.

Muchas organizaciones han logrado una buena reputación por su capacidad de entregar sistemáticamente proyectos de alta calidad. Sin embargo, la mayoría de ellas tiene dificultades para lograrlo. ¿Le resultan familiares los siguientes problemas?

- Los proyectos habitualmente se entregan tarde, excediendo el presupuesto inicial o con funcionalidades que no cumplen ni con los requisitos del patrocinador ni con los de los usuarios finales.
- Los directores de proyectos usan métodos propios que son insatisfactorios y que no siguen ninguna de las técnicas o procesos de los estándares disponibles en dirección de proyectos.
- La gestión de proyectos se considera como un gasto y no como una posibilidad de dar valor al negocio.
- Ausencia de planificación específica de las tareas asignadas a los miembros de una organización funcional cuyas actividades en el proyecto son consideradas como trabajos secundarios, que vienen después de sus tareas principales.
- Los presupuestos de los proyectos no incluyen los costos de la mano de obra interna, pues se consideran como "ya pagados".

- Ausencia de una visión global de los proyectos llevados a cabo por la organización, y de sus costos frente al valor añadido.
- El trabajo requerido para una gestión preventiva de los proyectos no se planifica.
- Los proyectos acaban "con éxito", pero solo gracias a la alta carga de estrés y a las horas extraordinarias.

¿Se identifica con estos problemas? La dirección disciplinada de proyectos permite superar estas deficiencias. El valor de buenas prácticas de dirección de proyectos, utilizando procesos estandarizados, facilita la comunicación y la resolución de problemas de manera preventiva. Así se incrementan substancialmente las posibilidades de éxito del proyecto, estableciendo nuevos procedimientos de gestión que harán funcionar nuestra organización como un ente económico.

1.4 Cumplir con éxito su rol de patrocinador del proyecto, de miembro del equipo del proyecto o de director de proyectos

Comprender nuestro rol y actuar consecuentemente es vital para el éxito del proyecto. Tres roles importantes merecen ser destacados:

1. El **patrocinador del proyecto,** que actúa como nexo entre la organización y el proyecto. En el inicio, el patrocinador es responsable de la definición del caso de negocio del proyecto, de suministrar las razones por las cuales el proyecto debe hacerse y de formular las necesidades de la organización patrocinadora. Cuando el proyecto es aprobado, su director asume la responsabilidad de "entregar el objetivo definido del proyecto". El patrocinador cumple un rol importante, asegurando que el objetivo del proyecto es coherente con los objetivos de la organización y debe, entre otras cosas, garantizar que la organización acata las decisiones iniciales relacionadas con la

definición de metas, evitando los continuos cambios de prioridad derivados de las operaciones cotidianas. Por lo tanto, juega un rol importante asegurando que hay suficiente apoyo de la dirección funcional y operacional, quien a su vez tiene un rol clave en la asignación de recursos al equipo del proyecto. El patrocinador debe también apoyar a la organización para implementar el objetivo del proyecto una vez finalizado, ya que en esta etapa comenzará la obtención de beneficios y el valor añadido para el negocio. Para lograr esto, el patrocinador debe trabajar conjuntamente con el director del proyecto. La comunicación fluida entre estos dos participantes es crucial para el éxito del proyecto y de la organización.

2. Los **miembros del equipo del proyecto** (y los integrantes del equipo de gestión del proyecto), que deben aportar la experiencia y el trabajo necesarios para llegar al resultado propuesto. Durante las fases iniciales, su atención debe centrarse en la definición del mejor método y en el desarrollo de un plan factible a alto nivel. Durante las fases de ejecución y basándose en su experiencia, implementan el objetivo del proyecto y los subcomponentes específicos. Es esencial que los miembros del equipo asuman responsabilidades al final del proyecto. Esto permitirá la transición sin problemas del objetivo del proyecto a los departamentos encargados de las operaciones o a la organización patrocinadora.

3. El **director del proyecto**, que es el responsable en última instancia de la entrega del objetivo del mismo. Las funciones esenciales de este rol son la gestión de los interesados y la orientación del equipo y de los interesados en la selección y aplicación de los procesos de dirección de proyectos adecuados. Pero todo debe realizarse sin perder de vista los objetivos del proyecto. El director debe servirse del conocimiento del negocio que posee el patrocinador y de su posición de influencia, y tomar en cuenta todas las cuestiones relacionadas con el negocio que no puedan ser resueltas por el equipo del proyecto.

Estos roles clave son necesarios en todo proyecto y deben ser profundamente comprendidos para que todas las personas involucradas actúen en consecuencia. La figura 1.1 ilustra las relaciones comunes entre la gestión de operaciones, la gestión del proyecto y la posición de cada rol.

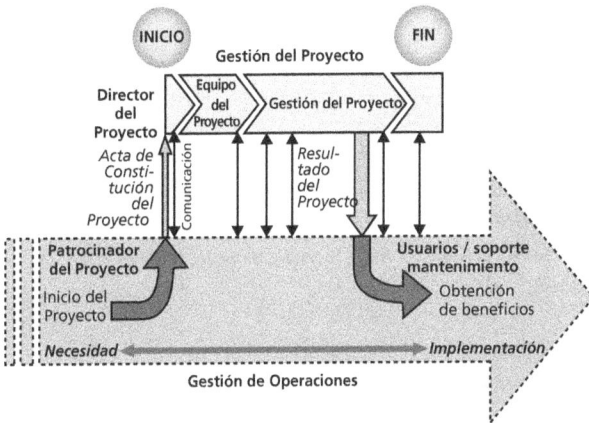

Figura 1.1 Relaciones comunes entre gestión de operaciones y gestión del proyecto

1.5 Preguntas Frecuentes

Hemos identificado algunas de las preguntas que aparecen generalmente cuando alguien se enfrenta por primera vez a un proyecto o a la *Guía del PMBOK®*.

¿Qué es un proyecto?

> *Definición del PMI:*
> Un proyecto es un esfuerzo temporal que se lleva a cabo para crear un producto, servicio o resultado único.

Esto significa que:

- Tiene un principio y un final definidos, por lo que un proyecto es algo temporal.
- Representa un cierto volumen de trabajo que requiere un tipo de organización dado; en caso contrario no sería un esfuerzo.
- No es un trabajo rutinario, no sigue los procedimientos normales porque hay algo que lo hace único.
- Crea un resultado final, que puede ser un producto, un servicio o un resultado.

Los proyectos de todo tipo y nivel necesitan una gestión adecuada, aunque la organización sea responsable de decidir primero si el objetivo debe ser alcanzado mediante un proyecto organizado en consecuencia.
(Guía del PMBOK® Capítulo 1.2)*

La "dirección de proyectos" ¿es una profesión?

Aunque no exista una definición consensual de "profesión", ésta se podría describir como:

"Un grupo disciplinado de individuos que acepta un código ético de conducta y se presenta al público como poseedor de conocimientos y habilidades específicos en un campo del saber universalmente reconocido y organizado, obtenido mediante la formación y la práctica y que aplica ese conocimiento y habilidades en interés de los demás".

La complejidad creciente de los proyectos se traduce en un aumento de las aptitudes que se exigen de los directores de proyectos. Por ejemplo, todo el mundo puede colocar un vendaje, pero eso no lo convierte en médico. La necesidad de obtener competencias, habilidades y formación específicas para desempeñar el papel de director de proyecto está ampliamente reconocida. La existencia en el mundo académico de Programas de Máster en Dirección de Proyectos confirma esta tendencia.

En profesiones como la de abogado, médico, etc., normalmente la responsabilidad del bienestar, la seguridad y la salud de la comunidad tiene preponderancia sobre otras consideraciones. El PMI también confirma este aspecto en el "Código Ético", cuya firma y aceptación es un requisito imprescindible para obtener la credencial del PMI.

Una de las características de una disciplina profesional es el uso de un vocabulario común. El léxico de dirección de proyectos del PMI proporciona las bases de ese vocabulario profesional.

En consecuencia, se puede afirmar que la dirección de proyectos se ha convertido en una profesión.
(Guía del PMBOK® Capítulos 1.1 y 1.7)

¿Se puede gestionar eficazmente una organización funcional (operaciones) sin proyectos?

Las organizaciones funcionales suelen estar estructuradas por áreas funcionales o por especialidades, orientadas según las operaciones diarias, donde cada departamento trata de "hacer mejor lo suyo". Es la razón por la cual las organizaciones pueden ofrecer resistencia a los (grandes) cambios, especialmente si el impulso viene de un área funcional exterior a sus responsabilidades. Por otra parte, los proyectos y la dirección de proyectos se dedican a implementar cambios necesarios en las operaciones para asegurar la continuidad del negocio.

Actualmente, una organización puede difícilmente sobrevivir sin acometer proyectos, reconocidos formalmente como tales o no, pero que las organizaciones realizan de todos modos. El creciente número de reorganizaciones, con un constante realineamiento para mantenerse en un entorno cada vez más cambiante y complejo, lo demuestra. El riesgo que conllevan estos cambios pone de manifiesto la gran relevancia de los proyectos y la necesidad de un enfoque más profesional en la dirección de los mismos. Así se asegura que los cambios sean gestionados y completados de modo apropiado, contribuyendo a que las organizaciones funcionales salgan adelante, haciendo "lo que deben hacer, de la mejor manera posible".

(Guía del PMBOK® Capítulo 1.5)

¿Cuál es el propósito de la *Guía del PMBOK®*?

La *Guía del PMBOK®* ofrece un enfoque profesional de la dirección de proyectos, aplicable a la mayoría de ellos, en casi todas las ocasiones. Este método está basado en prácticas contrastadas y de probado valor, gracias a la contribución de profesionales de todo el mundo.

(Guía del PMBOK® Capítulo 1.1)

¿Es la *Guía del PMBOK®* una metodología?

La *Guía del PMBOK®* es conocida como un estándar y también como un marco de trabajo que puede definirse como una estructura conceptual básica que permite manejar, de forma homogénea y agrupada, diferentes procesos de negocio, lo que aumenta la disciplina en la gestión. Para cada proceso de negocio se incluyen entregables predefinidos. La utilización de un marco de trabajo es una táctica bien definida que permite dominar el entorno complejo de las organizaciones de una manera sencilla. Como tal, la *Guía del PMBOK®* sirve también como taxonomía o mapa completo de los fundamentos de la dirección de proyectos.

Un estándar es un documento establecido por consenso y aprobado por un organismo reconocido que proporciona reglas, guías o características para realizar actividades o fijar normas para los resultados, de uso habitual y repetido, con el propósito de alcanzar la excelencia en un ámbito determinado. Al haberse desarrollado siguiendo un proceso consensual, abierto, correcto y equilibrado, la *Guía del PMBOK®* es uno de los estándares del PMI que proporciona directrices para alcanzar los resultados en los proyectos.

Una metodología puede definirse como un sistema de métodos de una disciplina particular que describe el proceso por el cual se completa una tarea: una forma determinada de realizar ese proceso. Siendo una referencia básica, la *Guía del PMBOK®* es más un estándar o marco de trabajo que una metodología. A pesar de describir procesos de dirección de proyectos junto a las herramientas y técnicas comúnmente utilizadas, no prescribe la forma exacta de ejecutar los proyectos. En la práctica, para la implantación de este marco, se pueden aplicar y definir varias metodologías de dirección de proyectos, adaptables a una aplicación en áreas y elementos específicos (como las metodologías "ágiles", "en cascada", PRINCE2, etc.). Pero antes de elegir, definir o aplicar una metodología de dirección de proyectos debe haber una comprensión común y detallada de la dirección de proyectos.

(*Guía del PMBOK®* Capítulo 1.1*)*

¿Cómo están alineadas el compañero de bolsillo y la Guía del PMBOK® y qué hacer para saber más?

Para establecer una comunicación clara y concisa hay que crear una visión compartida y una estructura común que permita efectuar un trabajo coherente. Por esta razón, en este libro se ha mantenido la estructura establecida en la *Guía del PMBOK®*. Los capítulos 1 a 3 constituyen una introducción general para la construcción de esta visión común, al igual que los tres primeros capítulos de la *Guía del PMBOK®* que lo hace a un nivel mucho más detallado. A continuación, se ha asegurado la plena adecuación de esta guía de bolsillo con la *Guía del PMBOK®* original, siguiendo la numeración de los capítulos de 4 a 13, así como sus secciones (p. ej., 4.1. Desarrollar el Acta de Constitución del Proyecto). Por lo tanto, cuando se busque una explicación más detallada y comprensible de un determinado tema, simplemente se deberá consultar el capítulo correspondiente y el número de la sección de la *Guía del PMBOK®*.

¿Se puede obtener una certificación basada en la *Guía del PMBOK®* como individuo o como organización?

El PMI creó varias certificaciones individuales para los roles de gestión de proyectos, algunas de las cuales utilizan la *Guía del PMBOK®* como base. Por ejemplo, el Certificado en Dirección de Proyectos (CAPM®) y el Profesional en Dirección de Proyectos (PMP®).

El PMI no emite certificaciones a nivel de organización, como ISO o ANSI. La norma *"ISO 21500 – Directrices para la Dirección y Gestión de Proyectos"* se ha publicado recientemente (2012), pero no ha alcanzado aún el nivel de un estándar sobre el cual las organizaciones pueden ser certificadas (de la misma forma que ISO 9001, por ejemplo). ISO 21500 proporciona una guía para los procesos de gestión de proyectos que las organizaciones pueden implementar como base para garantizar la calidad de su gestión de proyectos. Hay una gran coincidencia entre ISO 21500 y la *Guía del PMBOK®* respecto a la estructura y a los procesos de gestión definidos. Esto significa que si todos los directores de proyectos aplican la *Guía del PMBOK®* correctamente, la organización también está aplicando la norma ISO 21500.

¿Cómo puede la aplicación de la *Guía del PMBOK®* servir de ayuda en la vida real?

Como la *Guía del PMBOK®* utiliza buenas prácticas, ésta podría verse como "una base de datos global de lecciones aprendidas". Su estructura y sus procesos bien definidos pueden contribuir a abandonar la mentalidad que consiste en "tomar medidas para salir de apuros" para adoptar un enfoque más preventivo. Cuando se presenten situaciones difíciles en un proyecto, se podrá consultar en la *Guía del PMBOK®* el proceso de gestión adecuado y adaptarlo al proyecto. Asimismo, puede acelerar la curva de aprendizaje de los directores de proyectos y mejorar la comunicación mediante la creación de una concepción común a todos los "proyectos" y una visión compartida sobre la forma de gestionarlos de la mejor manera.

Asegurar que todos los interesados "hablan el mismo idioma" es la forma más fácil de superar las barreras de comunicación.

¿Cómo se alinea la *Guía del PMBOK®* con otros estándares, marcos y metodologías?

La *Guía del PMBOK®* proporciona un marco generalmente aceptado como buena práctica global para la gestión de proyectos. Por lo tanto, es una guía perfecta para la creación y el conocimiento de la metodología de gestión de proyectos en una organización que tiene que encajar sus proyectos específicos en su entorno dado. Aquí es donde normalmente los procesos de gestión de proyectos y los de creación de contenidos deben integrarse. La confusión, los errores, la falta de comunicación y la ineficiencia, se generan probablemente debido a que las personas utilizan metodologías diferentes, de origen diferente, donde cada individuo tiene que hacer su propio "ejercicio de integración". Una comparación bien organizada de los procesos, términos y definiciones de la *Guía del PMBOK®* con los procesos, términos y definiciones de otros estándares, marcos y metodologías aplicadas en su organización, permitirá una identificación rápida de cualquier posible solapamiento, y permitirá una integración efectiva apropiada.

La *Guía del PMBOK®* también está en consonancia con otros estándares elaborados por el PMI.

¿Cómo afecta la *Guía del PMBOK®* a las diferentes entidades y niveles de una organización?

Las organizaciones desarrollan procedimientos para la obtención de resultados de una forma predecible que les permite manejar las expectativas. Sin embargo, como la mayoría de los proyectos son interdepartamentales, varias entidades organizacionales suelen trabajar juntas en proyectos y tienen que hacer frente a situaciones nuevas, para las que no se han definido los procedimientos (por el momento). Como los proyectos dan lugar a cambios en las organizaciones, los interesados apropiados suelen involucrarse, lo que da lugar a la participación de los diferentes niveles de la organización, como por ejemplo, los niveles operacional, táctico e incluso estratégico. En este tipo de situaciones, el conocimiento y la aplicación de una referencia común para toda la organización, como la *Guía del PMBOK*® es especialmente útil.

¿Puede la *Guía del PMBOK*® sustituir nuestro enfoque o metodología actual (desarrollado corporativamente) de gestión de proyectos?

Los enfoques de gestión de proyectos o metodologías, desarrollados por y para la propia organización, en su mayoría provienen de una necesidad reconocida de mejorar la aplicación de gestión de proyectos, sobre la base de experiencias organizativas y buenas prácticas. Sin embargo, el mantenimiento de estas buenas prácticas, así como el aseguramiento de la alineación continua con los últimos avances en la gestión de proyectos, puede llegar a ser muy costoso y consumir mucho tiempo. Esta es la principal razón por la que las organizaciones se limitan a adoptar la *Guía del PMBOK*® como referencia básica de gestión de proyectos estándar y a ajustar luego lo necesario, documentándolo de forma transparente. Como la *Guía del PMBOK*® también se basa en las buenas prácticas, la mayor parte de la metodología de gestión no cambia drásticamente. Según la regla de Pareto, cerca del 80% del estándar es aplicable a sus proyectos. Esto permite concentrarse en el 20% de los procesos de gestión de proyectos específico de su organización, que se convertirá en el centro de su propia metodología.

La mayor parte de las metodologías de gestión de proyectos genéricas a disposición del público hacen referencia a la *Guía del PMBOK*® como marco básico. En tales casos, los conocimientos contenidos en la *Guía del PMBOK*® constituyen un apoyo sustancial a la comprensión y al posicionamiento de esta metodología, reforzando así su aplicación correcta.

¿Y si necesito más información?

Como se trata de un libro de bolsillo, debe considerarse como un resumen introductorio de la *Guía del PMBOK®* y del PMI como organización. Se pueden encontrar muchos más detalles y explicaciones sobre ciertos temas en la *Guía del PMBOK®*. Puede encontrar información más detallada en la página web del PMI, www.pmi.org.

Capítulo 2
La organización detrás de la *Guía del PMBOK®*: El Project Management Institute (PMI)

2.1 El PMI en cifras

PMI es una asociación profesional global sin ánimo de lucro, cuyo objetivo es avanzar en la práctica, la ciencia y la profesión de dirección de proyectos en todo el mundo. Su misión es:
Hacer que la dirección de proyectos sea indispensable para alcanzar los resultados empresariales.

PMI ofrece a los profesionales y a las organizaciones un conjunto de estándares que describen las mejores prácticas y acreditaciones globalmente reconocidas que certifican la experiencia en materia de dirección de proyectos y recursos para el desarrollo profesional, fomentando las relaciones profesionales y el sentido de comunidad.

PMI se fundó oficialmente el 9 de octubre de 1969, durante un seminario de dirección de proyectos en Atlanta, Georgia (EE.UU.). Constatando que distintos tipos de proyectos tenían en común muchas buenas prácticas de gestión, se consideró que sería beneficioso contar con una organización que apoyase el desarrollo de dichas prácticas. Desde entonces, PMI ha crecido hasta convertirse en la organización de dirección de proyectos más grande del mundo, gracias al compromiso de voluntarios que compartían la pasión por desarrollar y ayudar a la profesión de la dirección de proyectos. En este crecimiento, fue crucial la publicación en 1983 de la revista *Project Management Journal*, donde se publicó la "línea base de estándares para la dirección de proyectos", versión incipiente de la *Guía del PMBOK®*, junto con el código ético para los profesionales de la dirección de proyectos, así como directrices para la acreditación y la certificación. Cabe destacar que el crecimiento a largo plazo del número de socios del PMI se ha mantenido estable, con un promedio del 19% anual, o sea 1.000 socios en 1975, 10.000 en 1994, 100.000 en 2003, con cifras cercanas a los 700.000 en 2013 y con personas acreditadas en más de 185 países.

La organización PMI y sus iniciativas se llevan a cabo principalmente por voluntarios. El personal en plantilla es relativamente pequeño dado el elevado número de socios de la organización. "Por sus socios y para sus socios" es el principio clave de gestión en PMI.

2.2   Estándares globales del PMI

Una de las actividades permanentes y altamente reconocidas del PMI es el desarrollo de estándares globales. Un estándar proporciona directrices, reglas y características en la materia que cubre. Los estándares globales son cruciales para la profesión de dirección de proyectos. Permiten aplicar de manera coherente un marco básico para la dirección de proyectos en todo el mundo, lo que refuerza un "lenguaje común" y simplifica la comunicación entre los interesados. Esto es especialmente importante en la gestión de iniciativas internacionales y trans-organizacionales, donde los interesados provienen de culturas empresariales diversas.

Los estándares actualmente disponibles del PMI se descomponen en tres categorías:
- estándares fundacionales,
- estándares y marcos de prácticas,
- extensiones a los estándares.

Estándares fundacionales

Estos estándares proporcionan una base común para la dirección de proyectos y abordan las cuatro áreas de la profesión – proyecto, programa, portafolio y enfoque organizativo para la dirección de proyectos:

- guía de los Fundamentos para la Dirección de Proyectos (*Guía del PMBOK®*), traducida a 10 idiomas,
- estándar para la Dirección de Programas,
- estándar para la Gestión de Portafolios,
- modelo de Madurez para la Dirección Corporativa de Proyectos (OPM3®).

Estándares y marcos de prácticas

Los estándares sobre prácticas profundizan las herramientas, las técnicas y los procesos identificados en la *Guía del PMBOK®* u otros estándares:

- estándar para la práctica de Gestión de Riesgos de Proyectos,
- estándar para la práctica de Gestión del Valor Ganado,
- estándar para la práctica de Gestión de la Configuración de Proyectos,
- estándar para la práctica de Estructuras de Desglose del Trabajo,
- estándar para la práctica de Programación de Proyectos,
- estándar para la práctica de Estimación de Proyectos y
- marco para el Desarrollo de Competencias del Director de Proyectos.

Extensiones a los estándares del PMI

Las extensiones amplían y particularizan los estándares para tipos de proyectos o sectores específicos:

- extensión de la *Guía del PMBOK®* para la Construcción y
- extensión de la *Guía del PMBOK®* para la Administración Pública.

Los estándares del PMI se revisan y actualizan continuamente para incorporar los últimos desarrollos y novedades de la profesión, mientras se elaboran nuevos estándares. Se ha conseguido un alto nivel de coherencia entre todos ellos, especialmente en lo relativo a la terminología y a las definiciones, reforzando la aplicación de un lenguaje común.

Los socios disponen de copias digitales personalizadas ¡gratuitas!

2.3   Certificaciones disponibles

Tanto los profesionales como las organizaciones valoran las certificaciones para el desarrollo y evaluación del cumplimiento con los estándares de la dirección de proyectos. Consciente de ello, el PMI ofrece un programa de certificación profesional mundialmente reconocido, que promueve el desarrollo de la profesión de dirección de proyectos. Asimismo, proporciona soporte a los profesionales a la hora de comenzar, construir o avanzar en sus carreras de dirección de proyectos, programas y portafolios. Por otra parte, ofrece a las organizaciones parámetros de referencia para evaluar el conocimiento y el nivel de experiencia de los profesionales llamados "Directores de Proyectos". También asiste a los directores de recursos humanos a la hora de establecer los itinerarios profesionales en el área de la dirección de proyectos.

El PMI ofrece los siguientes programas de certificación para profesionales, globalmente reconocidos, y que reflejan diferentes niveles de formación, habilidades y áreas de experiencia:
- Certificado en Dirección de Proyectos (CAPM)®
- Profesional en Dirección de Proyectos (PMP)®
- Profesional en Dirección de Programas (PgMP)®
- Profesional en Dirección de Portafolios (PfMP)®
- Profesional en Programación de Proyectos del PMI (PMI-SP)®
- Profesional en Gestión de Riesgos del PMI (PMI-RMP)®
- Practicante Certificado en Agile del PMI (PMI-ACP)SM
- Certificado Profesional en OPM3®

Código Ético

Como es habitual en cualquier "profesión", PMI publicó el *Código Ético y de Conducta Profesional*, que se aplica en todo el mundo. En su relación con los interesados, los profesionales deberían suscribir prácticas de equidad, honestidad, responsabilidad y respeto. Los directores de proyectos certificados aceptan explícitamente este código ético, que es un requisito para la acreditación.

Certificaciones del PMI					
	CAPM	**PMP**	**PgMP**	**PMI-SP**	**PMI-RMP**	**PMI-ACP**
Nombre de la Certificación	Certificado en Dirección de Proyectos	Profesional en Dirección de Proyectos	Profesional en Dirección de Programas	Profesional en Programación de Proyectos del PMI	Profesional en Gestión de Riesgos del PMI	Practicante Certificado en Agile del PMI
Rol general	Ayuda al equipo del proyecto	Lidera y dirige equipos de proyecto	Consigue un objetivo de la organización definiendo y supervisando proyectos y recursos	Desarrolla y mantiene programaciones de proyectos y programas	Evalúa e identifica riesgos. Mitiga amenazas. Aprovecha oportunidades	Dirige equipos usando prácticas ágiles en proyectos y entornos cambiantes
Posible cargo funcional	Director de Proyectos asistente o junior. Miembro del equipo	Director de Proyectos. Director de Proyectos senior	Director de Programas. Director de Proyectos senior	Planificador de proyectos o programas	Director de Riesgos del Proyecto o del Programa	Director de Proyectos. Director de Productos. Director de Cambios

Figura 2.1 Credenciales del PMI

2.4 Representantes locales del PMI y traducciones

Capítulos locales

Además de asociarse a la organización global, la mayoría de los miembros del PMI suelen asociarse a un capítulo local que les permite conectarse con otros profesionales de su entorno más cercano. Los miembros reciben soporte y tienen la oportunidad de conocer a colegas de otros sectores, a través de reuniones, diferentes actividades y/o programas de formación. Actualmente, hay más de 250 capítulos activos del PMI, en más de 70 países.

Otros representantes locales

Para una comunicación sencilla y eficaz con sus miembros y otros interesados, PMI ha puesto en marcha un servicio de Atención a Socios, Centros de Servicio Regionales, Oficinas de Representación y Oficinas de Relaciones Externas en todo el mundo: América, Asia-Pacífico, China, Europa – Oriente Medio – África (EMEA) e India.

Traducciones

Dado que la *Guía del PMBOK* es el estándar más importante del PMI, esta guía está oficialmente disponible en 10 idiomas, además del inglés:

* árabe,
* brasileño – portugués,
* chino (simplificado),
* francés,
* alemán,
* italiano,
* japonés,
* coreano,
* ruso,
* español

Aunque todos los exámenes de certificación se facilitan en inglés, para las certificaciones PMP y CAPM se pueden solicitar ayudas en estos idiomas, así como en hebreo y chino tradicional. Además, algunos capítulos locales han creado sus propias traducciones de la *Guía del PMBOK*. Sin embargo, estas traducciones "no oficiales" no son válidas para el examen a no ser que el capítulo local haya establecido los correspondientes acuerdos a nivel particular.

2.5   Otras iniciativas del PMI

Programa de investigación y publicaciones

PMI cuenta con una sección expresamente dedicada a la investigación, que es responsable de potenciar la profesión de dirección de proyectos mediante el lanzamiento, financiación, orientación y coordinación de la investigación académica en todo el mundo. Este instituto ya lleva invertidos alrededor de 18 millones de dólares en investigación sobre dirección de proyectos. También organiza la "Conferencia sobre Investigación y Formación", en la que reúne a académicos y profesionales expertos comprometidos con el conocimiento empírico en este campo.

Las publicaciones del PMI vinculadas con la promoción de la disciplina de dirección de proyectos son:

- *Project Management Journal*, publicación trimestral líder en el ámbito académico y de investigación,
- *PM Network*, revista mensual galardonada que cubre tendencias, herramientas, técnicas y buenas prácticas,
- *PMI Today*, boletín informativo mensual que se adjunta al número de PM Network, y que mantiene informados a los socios sobre las noticias y eventos del Instituto y
- varios boletines informativos en línea, con información dirigida a audiencias determinadas, que permiten a los lectores mantenerse al día de las últimas noticias que necesitan.

Consejo Ejecutivo del PMI Global

Este órgano se encarga de mantener en contacto a las grandes multi-nacionales y organizaciones gubernamentales que utilizan la dirección de proyectos, programas y portafolios, con el fin de obtener una ventaja competitiva. Mediante el contacto con los líderes de otros sectores, los miembros del Consejo pueden identificar oportunidades de mejora de procesos, intercambiar mejores prácticas e incrementar el porcentaje de inversiones exitosas en proyectos dentro de su propia organización.

Comunidades de Práctica

Las Comunidades de Práctica son lugares interactivos donde los miembros
con intereses comunes o pertenecientes al mismo sector pueden compartir
ideas, retos y preocupaciones más allá de las fronteras geográficas. Los
miembros aumentan sus conocimientos a través de la creación de relaciones
de trabajo, elaboración de artículos técnicos, teleconferencias y trabajos
colaborativos en proyectos. Se puede citar como ejemplos de Comunidades
de Práctica: Defensa y Aeroespacial, Sistemas de Información de la Salud,
Gestión de la Calidad y Gestión de los Riesgos de los proyectos.

Red de Proveedores de Formación Registrados (R.E.P.)

PMI también apoya a una consolidada Red de Proveedores de Formación
Registrados (Registered Education Providers – R.E.P.). Esta red consiste
en un conjunto de organizaciones de formación y de centros de desarrollo
ejecutivo de universidades y empresas, que proporcionan servicios de
formación de alta calidad en dirección de proyectos. Sus ofertas educativas
han sido evaluadas por PMI y la evaluación ha demostrado la capacidad
de las R.E.P. para proporcionar una formación eficaz en dirección de
proyectos.

Programa de Consultores Registrados del PMI

El Programa de Consultores Registrados del PMI ayuda a las
organizaciones a encontrar empresas de consultoría cualificadas para
ayudar en la implementación de la dirección de proyectos, programas o
portafolios, en línea con las necesidades concretas de la organización y de
acuerdo a las mejores prácticas del PMI.

Acreditación de Programas Académicos

El Centro de Acreditación Global del PMI para la Dirección de Proyectos
(Global Accreditation Center –GAC) es el primer organismo mundial
de acreditación de los programas de grado en dirección de proyectos. La
misión del GAC es promover la excelencia de la formación en dirección de

proyectos a nivel mundial, y asegurar que los programas acreditados por el GAC cumplen con las necesidades actuales y futuras de los profesionales cualificados en dirección de proyectos. Actualmente existen alrededor de 50 programas de grado en más de 20 instituciones académicas en todo el mundo, acreditadas por el GAC del PMI, con otros tantos programas en distintas fases del proceso de acreditación.

Fundación PMI para la Formación

La Fundación PMI para la Formación (PMI Educational Foundation PMIEF) es una asociación sin ánimo de lucro, la división filantrópica del PMI. Mientras PMI se consagra a hacer de la dirección de proyectos un elemento indispensable para las empresas, PMIEF se dedica a hacer comprender la importancia de la dirección de proyectos al resto de la sociedad, dado que PMIEF concibe la dirección de proyectos como una habilidad decisiva para todos. Los programas del PMIEF persiguen tres objetivos principales:

- Conseguir una mano de obra mejor preparada mediante becas de estudio, premios, interinidades, ayudas a la investigación y becas para el desarrollo profesional.
- Preparar a la juventud para lograr el éxito en la vida, a través de recursos educativos, programas y talleres sobre dirección de proyectos.
- Utilizar las subvenciones, becas y talleres del PMIEF para ayudar a las organizaciones no gubernamentales y sin ánimo de lucro a utilizar mejor sus limitados recursos en proyectos de ayuda a la recuperación ante catástrofes.
- Para más información, consulte **www.PMIEF.com**.

Para más información sobre PMI, por favor visite la página web: **www.PMI.org**.

Capítulo 3
Visión General de la *Guía del PMBOK®*

Este capítulo se centra, en primer lugar, en el conocimiento básico y en el contenido general de la Guía del *PMBOK®*, lo que permitirá comprender la estructura de la publicación. Seguidamente, se introducirán algunos conceptos de la *Guía del PMBOK®* que se consideran esenciales en el ámbito de la dirección de proyectos.

3.1 Historia de la *Guía del PMBOK®*

En 1981 la Junta Directiva del PMI aprobó un proyecto en el que uno de los objetivos era la elaboración de un estándar de dirección de proyectos que describiera el contenido y la estructura de los conocimientos en esta materia. Este proyecto dio lugar, en 1983, a la publicación de los estándares de la dirección de proyectos que se tomaron como referencia. Al tratarse de la primera publicación de este tipo, se convirtió en una base para la posterior discusión y mejora de la definición de la "Dirección de Proyectos" como profesión. Una extensión de dicho proyecto dio lugar, en 1987, a la publicación de los "Fundamentos para la Dirección de Proyectos". Los avances posteriores y la retroalimentación continua basada en la aplicación práctica de esos conocimientos, dieron paso en 1996 a la llamada "Guía de los Fundamentos para la Dirección de Proyectos (*Guía del PMBOK®*)". En 2000, 2004 y 2008 se publicaron respectivamente, la segunda, tercera y cuarta ediciones, reflejando el desarrollo del conocimiento y las prácticas en dirección de proyectos y proporcionando una mayor claridad a los contenidos. En 2012 se ha publicado la que por ahora es la última actualización, la quinta edición.

En pocas palabras, la actual edición es el resultado del aporte de alrededor de 30 años de experiencia en dirección de proyectos de miles de practicantes en la materia y de una investigación minuciosa por parte de académicos en este tema.

3.2 Estructura de la *Guía del PMBOK®*

La *Guía del PMBOK®*, estructurada en tres secciones, proporciona un marco de trabajo excelente para apoyar la dirección profesional de proyectos.

- La sección 1 (capítulos 1 y 2) se refiere al "Marco Conceptual de la Dirección de Proyectos", explica el propósito de la *Guía del PMBOK®*, y proporciona una breve introducción a conceptos clave de la dirección de proyectos, cubriendo temas como:
  - definición de un proyecto,
  - qué es la dirección de proyectos,
  - relación entre gestión de portafolios, dirección de programas, dirección de proyectos y dirección corporativa de proyectos,
  - relaciones entre dirección de proyectos, gestión de las operaciones y estrategia organizativa,
  - valor del negocio de los proyectos,
  - rol del director de proyectos, incluyendo responsabilidades y competencias,
  - cómo el entorno del proyecto puede ampliar o limitar las opciones de la dirección de proyectos,
  - el ciclo de vida del proyecto,
  - los interesados y el gobierno del proyecto y
  - los grupos de procesos de los proyectos y las áreas de conocimiento.

- El capítulo 3 de la *Guía del PMBOK®*, titulado "Procesos de la Dirección de Proyectos" define y describe los **cinco grupos de procesos de la dirección de proyectos:**
  - inicio,
  - planificación,
  - ejecución,
  - monitorización y control y
  - cierre.

Existen además, **diez áreas de conocimiento de dirección de proyectos**, áreas explícitas que requieren conocimientos específicos para dirigir un proyecto. Combinando los grupos de procesos y las áreas de conocimiento, resulta una matriz de **47 procesos de la dirección de proyectos,** reconocidos como buenas prácticas y aplicables a la mayoría de proyectos. Estos procesos se explican más detalladamente en la sección 3.10 de este libro de bolsillo.

- Los capítulos 4 a13 de la *Guía del PMBOK®* profundizan en estas áreas de conocimiento y los procesos de la dirección de proyectos que les son aplicables, utilizando una estructura del tipo:
  - **entradas** del proceso,
  - **herramientas y técnicas** aplicables en cada proceso,
  - **salidas** del proceso.

Las entradas y las salidas son documentos o elementos documentables. Las salidas de un proceso son normalmente las entradas para otros procesos.

3.3 Proyecto – Programa – Portafolio

En la práctica, estos términos son frecuentemente confundidos o aplicados con poco rigor, causando malentendidos, problemas de comunicación, funciones y responsabilidades poco claras. La *Guía del PMBOK®*

proporciona las siguientes definiciones de proyecto, programa y portafolio, y ofrece un resumen comparativo.

Definiciones del PMI:

Proyecto: Un esfuerzo temporal que se lleva a cabo para crear un producto, servicio o resultado único.

Programa: Un grupo de proyectos, subprogramas y actividades de programas relacionados, cuya gestión se realiza de manera coordinada para obtener beneficios que no se obtendrían si se gestionaran de forma individual.

Portafolio: Un conjunto de Proyectos, programas, subportafolios y/u operaciones gestionados como un grupo para alcanzar los objetivos estratégicos.

Los programas pueden incluir trabajos relacionados que están fuera del alcance de los proyectos específicos del programa.

Los proyectos o programas del portafolio no son necesariamente interdependientes ni están necesariamente relacionados de manera directa.

A continuación se muestra una comparación entre proyectos, programas y gestión de portafolios.

	PROYECTOS	PROGRAMAS	PORTAFOLIOS
Alcance	Los proyectos tienen objetivos definidos. El alcance se elabora gradualmente a lo largo del ciclo de vida del proyecto.	Los programas tienen un alcance mayor y proporcionan beneficios más importantes.	Los portafolios tienen un alcance organizativo que varía según los objetivos estratégicos de la organización.
Cambios	Los directores de proyectos prevén cambios e implementan procesos para controlarlos.	Los directores de programas deben esperar cambios generados tanto a nivel interno como externo del programa, y estar preparados para gestionarlos.	Los directores de portafolios monitorizan constantemente los cambios en un entorno interno y externo más amplio.
Planificación	Los directores de proyectos transforman gradualmente la información de alto nivel en planes detallados a lo largo del ciclo de vida.	Los directores de programas desarrollan el plan general del programa y crean planes de alto nivel para guiar la planificación detallada a nivel de componentes.	Los directores de portafolios crean y mantienen los procesos y la comunicación necesaria relacionada con el portafolio general.
Dirección/ Gestión	Los directores de proyectos dirigen al equipo del proyecto a fin de cumplir con los objetivos del mismo.	Los directores de programas dirigen al personal del programa y a los directores de proyectos. Proporcionan visión y liderazgo global.	Los directores de portafolios pueden dirigir o coordinar al personal de gestión del portafolio y tienen la responsabilidad de informar sobre el portafolio general.
Éxito	El éxito de un proyecto se mide por la calidad del producto y del proyecto, el cumplimiento del plazo y del presupuesto y el grado de satisfacción del cliente.	El éxito se mide por el grado en el que el programa satisface las necesidades y beneficios que le dieron origen.	El éxito se mide en términos del rendimiento de la inversión y de los beneficios del portafolio.
Seguimiento	Los directores de proyectos monitorizan y controlan el trabajo que consiste en obtener los productos, servicios o resultados para los cuales el proyecto fue concebido.	Los directores de programas monitorizan el progreso de los componentes de programas a fin de asegurar que se cumpla con los objetivos globales, cronogramas, presupuesto y beneficios del programa.	Los directores de portafolios realizan el seguimiento de los cambios estratégicos y la signación de recursos, resultados de desempeño y riesgos del portafolio.

Figura 3.1 Presentación comparativa de la Dirección de Proyectos, Programas y Portafolios

PMI edita la *Guía del PMBOK®* para la dirección de proyectos, con el objeto de "realizar los proyectos de la manera correcta" y también las normas para la dirección de programas y concebido portafolios, con el objeto de "realizar los proyectos adecuados".

3.4 Ciclo de vida del Proyecto

> *Definición del PMI:*
> El ciclo de vida de un proyecto es la serie de fases que atraviesa un proyecto desde su inicio hasta su cierre.

El ciclo de vida del proyecto consiste en fases de proyecto, generalmente secuenciales. Las especificaciones de estas fases (nomenclatura y codificación) son definidas por las organizaciones involucradas en el proyecto y suelen estar alineadas con el área de aplicación del proyecto, aunque a un alto nivel y sin mucho detalle. Al ser la principal referencia para organizar la comunicación alrededor del proyecto, el ciclo de vida debe ser comprensible por todos los interesados. Esto proporciona una valiosa ayuda para comunicar a la alta dirección los progresos realizados, y para suministrar una comunicación más detallada en relación al cuadro completo.

Mediante el uso de una metodología y su aplicación práctica, el ciclo de vida del proyecto puede ser explicado con mayor detalle. En algunas áreas de aplicación como el sector TI o la construcción, las estructuras de los ciclos de vida tienen fases cuyas denominaciones comunes son bien documentadas y aplicadas en todo momento en sus respectivos sectores, como por ejemplo: análisis – diseño – construcción – pruebas – implantación. El ciclo de vida del proyecto también puede ser más reducido cuando el alcance es menos complejo o cuando se utilizan metodologías ágiles como Scrum.

La integración insuficiente de los procesos de dirección de proyectos y de los procesos orientados a la creación de productos en un ciclo de vida suelen provocar el fracaso del proyecto. Muchos ciclos de vida basados esencialmente en productos u orientados al "contenido", carecen de la concentración necesaria al inicio del proyecto –en el alcance organizativo –, y no prestan la debida atención a la definición de la transición y de la entrega. También fallan frecuentemente en asegurar el mantenimiento y el soporte adecuados cuando termina la vida del proyecto, lo que impide un cierre adecuado del mismo.

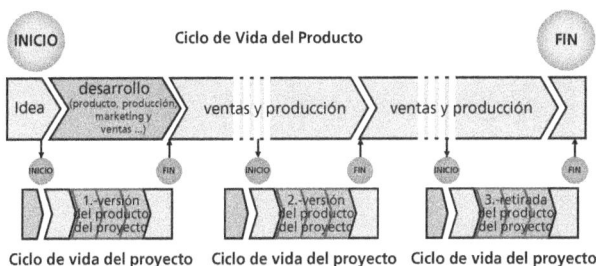

Figura 3.2 Ciclo de vida del proyecto como parte del ciclo de vida del producto

Normalmente, el ciclo de vida del producto implica uno o más ciclos de vida de proyecto. Lo mismo ocurre cuando el objetivo del proyecto no es un producto, sino un servicio u otro resultado.

En general, el ciclo de vida del proyecto puede tener la siguiente estructura:

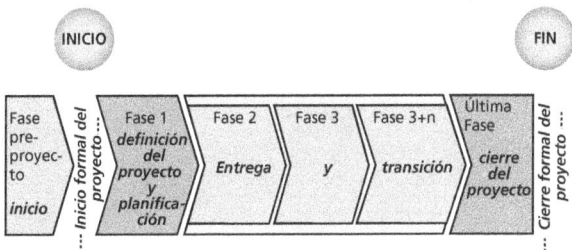

Figura 3.3 Ejemplo de ciclo de vida de un proyecto

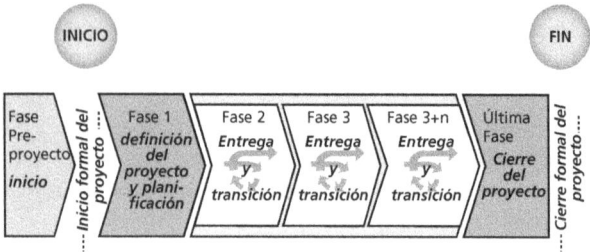

Figura 3.4 Ejemplo de ciclo de vida de un proyecto con un enfoque cíclico

3.5   Fases del Proyecto

Las fases de un proyecto son divisiones dentro del mismo en las que se
requiere un mayor control para gestionar efectivamente la realización de
los entregables. Las fases de un proyecto – que son parte de su ciclo de
vida – son generalmente secuenciales pero pueden solaparse en algunas
ocasiones.

Un proyecto muy sencillo puede tener una sola fase, pero en ese caso se
podría reconsiderar la necesidad de abordar ese tipo de trabajo como un
proyecto. ¿Se justifica realmente la implementación de una estructura
organizativa temporal separada? ¿O es solo "una tarea más compleja de
lo habitual", que necesita un poco más de atención en su gestión y en la
comunicación entre todos los interesados involucrados?

Los grandes proyectos suelen tener varias fases. La división del proyecto
en unidades gestionables es responsabilidad del director del proyecto y del
equipo.

3.6 Grupos de Procesos de la Dirección de Proyectos

Los procesos de la dirección de proyectos se estructuran en cinco grupos:

- **Grupo de procesos de inicio**, para definir un nuevo proyecto, fase o subfase y obtener la autorización para comenzar.
- **Grupo de procesos de planificación**, para establecer el plan de proyecto o el plan detallado por fase o subfase.
- **Grupo de procesos de ejecución**, para ejecutar el plan y completar el trabajo, y por lo tanto crear los entregables planificados del proyecto, fase o subfase.
- **Grupo de procesos de monitorización y control**, para supervisar o revisar el trabajo del proyecto, la gestión del desempeño y la identificación y gestión correcta de los cambios.
- **Grupo de procesos de cierre**, para cerrar formalmente una fase o todo el proyecto.

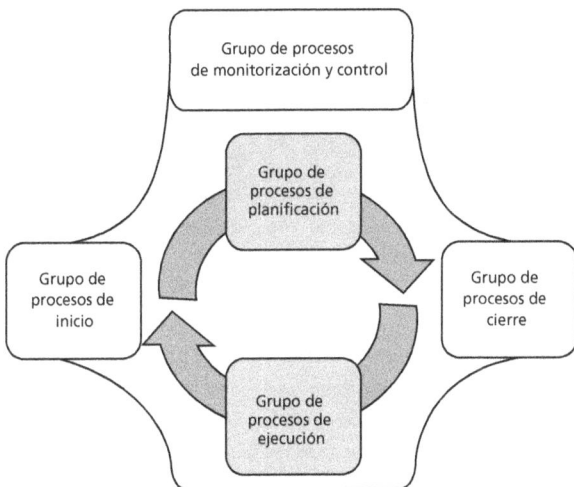

Figura 3.5 Grupos de procesos de la dirección de proyectos

Estos grupos de procesos son requeridos para todos los proyectos y ejecutados en una secuencia lógica. **Los grupos de procesos no son lo mismo que las fases de un proyecto** ya que los primeros suelen repetirse en un proyecto y son ejecutados al comienzo a un nivel elevado para todo el proyecto, repitiéndose luego a nivel de cada fase o sub-fase o en los paquetes de trabajo.

Los grupos de procesos son guías para aplicar apropiadamente la dirección de un proyecto, permitiendo la identificación rápida del objetivo, en un momento determinado del ciclo de vida y activando luego los procesos aplicables de la dirección del proyecto.

Los grupos de procesos se repiten también en cada fase, pero en un nivel más detallado.

Importante: ¡*Las fases de un proyecto no son lo mismo que los grupos de procesos de la dirección de proyectos!*

3.7   Interesados

Definición del PMI:
Un interesado es un individuo, grupo u organización que puede afectar, verse afectado, o percibirse a sí mismo como potencialmente afectado por una decisión, actividad o resultado de un proyecto.

Identificar y comprender a los interesados es crucial para permitir que el director del proyecto y los miembros del equipo hagan las cosas correctamente y se comuniquen apropiadamente, y que por lo tanto controlen las expectativas. Los interesados definen los requerimientos del proyecto y tratan de influir sobre el mismo, en función de su posición y de sus propias necesidades.

Los interesados se agrupan generalmente de la siguiente forma:
• Internos al proyecto;
• Externos al proyecto pero internos a la organización ejecutora;
• Externos al proyecto y externos a la organización ejecutora.

La posición exacta de los interesados (internos o externos a la organización ejecutora) puede diferir de un proyecto a otro.

El director del proyecto, los miembros del equipo y el patrocinador del proyecto son los principales interesados, y su interacción constituye la base de una comunicación efectiva con el resto de los interesados.

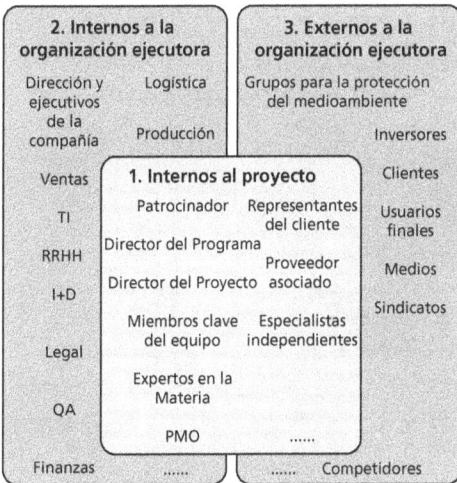

Figura 3.6 Visión general de los interesados

3.8 Estructura de la Organización

La estructura de la organización patrocinadora constituye un factor ambiental importante de un proyecto, ya que influye en el comportamiento de los diferentes interesados, según sus intereses y su posición en la organización, así como en la manera en que se obtienen y se asignan los recursos del proyecto, y en la organización del proyecto en sí. Se distinguen las siguientes estructuras y sus principales características.

Organización funcional

Es la organización "clásica" donde el personal está agrupado por especialidad (producción, marketing, ventas, etc.) La ventaja de esta forma de organización es que permite un mejor conocimiento y desarrollo de habilidades en el área funcional, lo que permite "hacer el trabajo específico lo mejor, lo más rápido y lo más barato posible". El poder formal incumbe a los gerentes funcionales, a quienes el personal debe rendir cuentas. Los proyectos son coordinados por los gerentes funcionales. Cada departamento lleva a cabo independientemente la parte correspondiente del proyecto. Sigue habiendo una orientación fuertemente funcional, que no es lo más adaptado para un trabajo colectivo por una causa "común".

Organización orientada a proyectos

Normalmente, la mayoría de los recursos están dedicados al trabajo de proyectos y asignados a tiempo completo a un solo proyecto. El personal se agrupa por lo tanto por proyecto y rinde cuentas a los directores de proyectos. Todos los directores de proyectos tienen la misma autoridad, comparable a la autoridad de los gerentes funcionales en la organización funcional. El conocimiento y desarrollo de habilidades de los especialistas puede, sin embargo, verse afectado por este enfoque centrado en los proyectos.

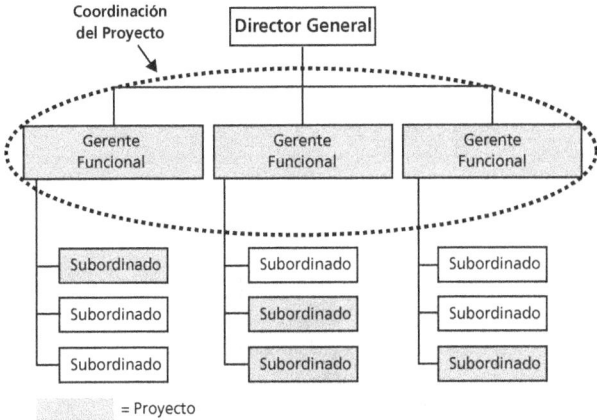

Figura 3.7 Organización funcional

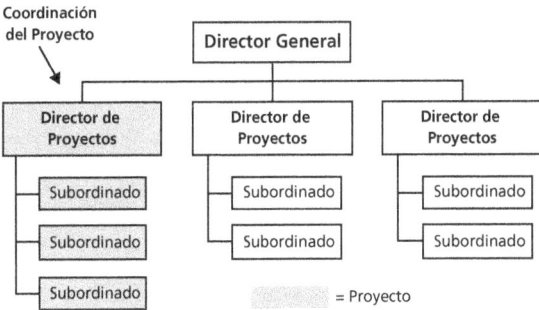

Figura 3.8 Organización orientada a proyectos

Organización matricial

Este tipo de organización es una mezcla de organización funcional y de organización orientada a proyectos. Existen tres variantes de organización matricial: equilibrada, débil, y fuerte.

Una organización **matricial equilibrada** reconoce la necesidad de un director de proyectos que se asigna normalmente a tiempo completo. Sin embargo, otros recursos del proyecto quedan enteramente bajo la responsabilidad de los departamentos funcionales. Es esencial establecer una comunicación clara entre los gerentes funcionales y los directores de proyectos. Igualmente, la distribución de roles, de responsabilidades y de la autoridad debe ser rigurosa, puesto que, si no se las define correcta-mente, pueden producirse problemas graves. Los directores de proyectos se encuentran dentro de un departamento funcional. El desafío es la adquisición de los recursos apropiados. Para el personal, la prioridad es generalmente trabajar en tareas funcionales, por las que son evaluados. La adquisición de los recursos necesarios provenientes de otros departamentos es un desafío aún mayor, ya que éstos no consideran el proyecto como propio. La rivalidad entre los proyectos en cuanto a la disponibilidad de recursos resulta de la ausencia de una gestión adecuada de programas y de portafolios.

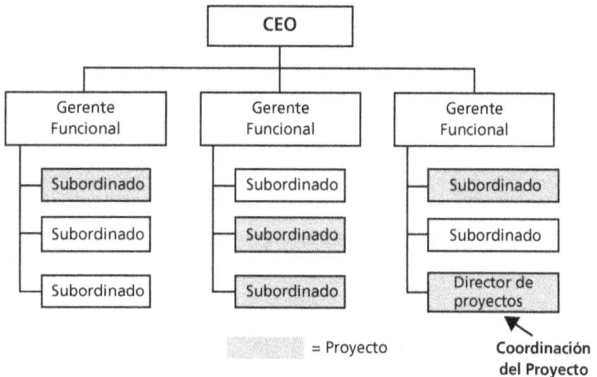

Figura 3.9 Organización matricial equilibrada

En una organización **matricial débil** las características de la organización funcional son todavía predominantes. Aquí, el director de proyectos tiene más una función de coordinación que de jefe efectivo del proyecto; se dedica a éste a tiempo parcial y su rol es secundario.

En una organización **matricial fuerte** prevalecen las características de la organización orientada a proyectos. El director del proyecto se dedica a tiempo completo y los responsables del proyecto se agrupan en una unidad funcional orientada por la gestión de proyectos. Sin embargo, otros recursos del proyecto residen todavía en otros departamentos funcionales.

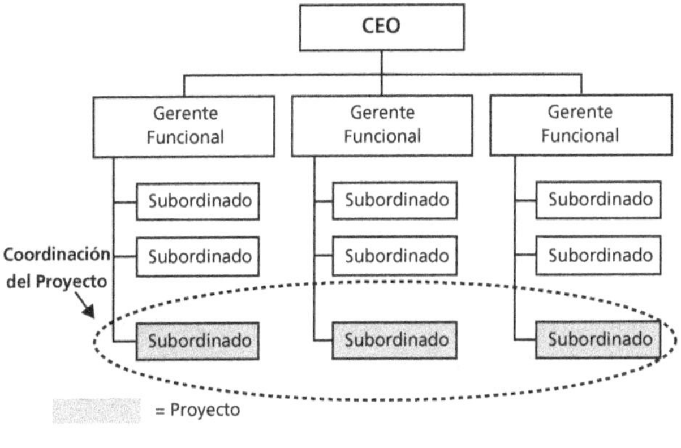

Figura 3.10 Organización matricial débil

Estructura compuesta

En la práctica, muchas organizaciones, aunque estén por lo esencial organizadas funcionalmente, crean estructuras adicionales para proyectos específicos. Normalmente, los proyectos críticos para el negocio producen grandes cambios en la organización, y por este motivo se establece una estructura orientada a proyectos. Por ejemplo, se puede tener un director de proyectos directamente dependiente del Director General; los recursos

Figura 3.11 Organización matricial fuerte

del proyecto rendirán cuentas ante el director de proyectos, y el apoyo administrativo y procedimientos específicos de operación del proyecto estarán a menudo fuera de los procedimientos de la empresa.

Vale la pena señalar también que las organizaciones orientadas a proyectos pueden crear estructuras funcionales de los componentes del proyecto que tienen un alto carácter recurrente y volumen suficiente. De esta manera se mejora la eficiencia y el intercambio de conocimientos para estos componentes.

3.9   Las Áreas de Conocimiento de la Dirección de Proyectos

El PMI reconoce diez áreas de conocimiento, numeradas de 4 a 13, de acuerdo con los capítulos de la *Guía del* PMBOK®. Las áreas se definen por los requerimientos específicos de conocimientos con los que un director de proyectos debería estar familiarizado para llevar a cabo un trabajo profesional. Se identifican áreas de gestión de proyectos en términos de procesos, prácticas, entradas, salidas, herramientas y técnicas. Estas áreas de conocimiento se describen en detalle en los capítulos de 4 a 13 de este libro, a saber:

- Capítulo 4: Gestión de la Integración del Proyecto,
- Capítulo 5: Gestión del Alcance del Proyecto,
- Capítulo 6: Gestión del Tiempo del Proyecto,
- Capítulo 7: Gestión de los Costos del Proyecto,
- Capítulo 8: Gestión de la Calidad del Proyecto,
- Capítulo 9: Gestión de los Recursos Humanos del Proyecto,
- Capítulo 10: Gestión de las Comunicaciones del Proyecto,
- Capítulo 11: Gestión de los Riesgos del Proyecto,
- Capítulo 12: Gestión de las Adquisiciones del Proyecto,
- Capítulo 13: Gestión de los Interesados del Proyecto.

3.10 Procesos de la Dirección de Proyectos

El PMI identifica 47 procesos de la dirección de proyectos, aplicables a la mayoría de los casos. Estos procesos se estructuran en cinco grupos de procesos (véase sección 3.6), y en diez áreas de conocimiento (véase sección 3.9). En la contraportada se incluye un cuadro resumen que puede utilizarse como referencia en la lectura de esta guía de bolsillo.

Capítulo 4
Gestión de la Integración del Proyecto

La gestión de la integración del proyecto consiste en la planificación del trabajo y en la ejecución del plan. Cubre todas las partes del proyecto, busca un equilibrio entre objetivos contrapuestos, encontrando alternativas, y maneja las interdependencias entre las diferentes áreas de conocimiento de la dirección de proyectos.

La gestión de la integración del proyecto coordina e integra los procesos de las otras áreas de conocimiento.

Los procesos de la Gestión de la Integración del Proyecto son:

1. **Desarrollar el Acta de Constitución del Proyecto**: es el proceso de documentar los requerimientos a alto nivel y los límites del proyecto. El acta autorizará al director de proyecto a comenzar el proyecto o la fase.
2. **Desarrollar el Plan para la Dirección del Proyecto**: compilar el plan global a través de la recopilación de los planes secundarios que se originan en las otras nueve áreas de conocimiento, o sea "planificar el trabajo".
3. **Dirigir y Gestionar el Trabajo del Proyecto**: "ejecutar el plan".
4. **Monitorizar y Controlar el Trabajo del Proyecto**: gestionar el progreso del proyecto.
5. **Realizar el Control Integrado de Cambios**: gestionar los cambios del plan y los entregables.
6. **Cerrar el Proyecto o Fase**: se completan todas las actividades para cerrar el proyecto o fase.

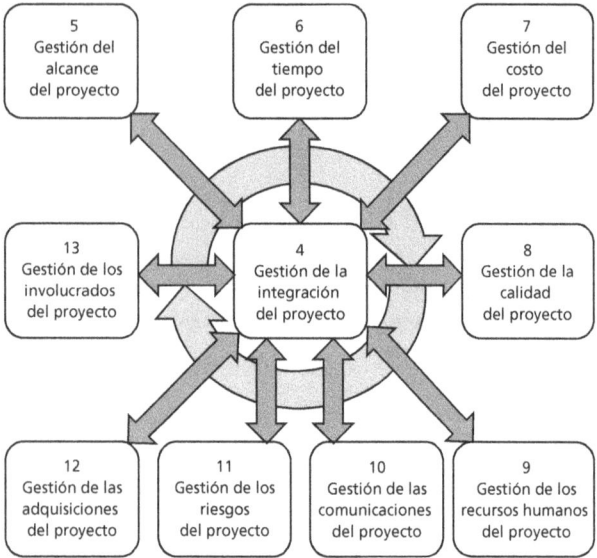

Figura 4.1 Esquema de las áreas de conocimiento para la gestión de proyectos

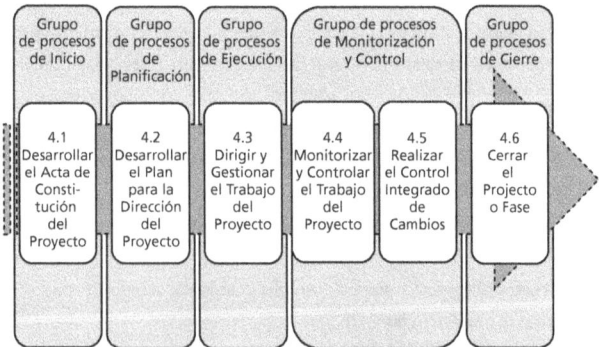

Figura 4.2 Vista general del capítulo 4: Procesos de Gestión de la Integración

El director de proyectos debe prestar especial atención a las solicitudes de cambios dentro del proyecto. Todos los procesos de monitorización y control y muchos de los procesos de ejecución en la *Guía del PMBOK®* pueden producir solicitudes de cambios como salida. En los procesos de Gestión de la Integración del Proyecto, las solicitudes de cambios pueden seguir el flujo descrito en la Figura 4.3.

Flujo de las solicitudes de cambios

Figura 4.3 Flujo de las solicitudes de cambios

"Dirigir y Gestionar el Trabajo del Proyecto" y "Monitorizar y Controlar el Trabajo del Proyecto" pueden generar solicitudes de cambios, que son evaluadas y aprobadas o rechazadas en el proceso "Dirigir y Gestionar el Trabajo del Proyecto". Todas las solicitudes de cambios aprobadas son devueltas a "Dirigir y Gestionar el Trabajo del Proyecto" para su implementación. Este proceso proveerá información sobre el desempeño del trabajo que será utilizada en "Realizar el Control Integrado de Cambios" para actualizar el estado de las solicitudes de cambios en el registro de solicitudes de cambios.

4.1 Desarrollar el Acta de Constitución del Proyecto

Desarrollar el Acta de Constitución del Proyecto es el proceso de elaboración del documento que autoriza formalmente el inicio del proyecto. Este documento describe el proyecto en términos de:

- razón de ser,
- objetivos y criterios de éxito,
- requisitos,
- riesgos,
- cronograma e hitos,
- presupuesto,
- gobierno, incluyendo a los patrocinadores (niveles de autoridad),
- interesados, y
- director del proyecto.

El Acta de Constitución del Proyecto debe dar respuestas de alto nivel a las preguntas "por qué, qué, cómo, quién, dónde y cuándo".

Es recomendable que el director del proyecto sea designado lo más pronto posible, de forma que pueda contribuir a la elaboración del Acta de Constitución del Proyecto.

La aprobación del Acta de Constitución del Proyecto por los responsables de la organización patrocinadora autoriza al director del proyecto a asignar recursos a las actividades del proyecto. La organización patrocinadora está representada generalmente por un patrocinador, la PMO, un director de programa, un director de portafolio o un comité directivo inversor.

Los proyectos son normalmente iniciados por necesidades de negocio, algunas veces internas y otras externas, que se trasladan a un "caso de negocio". Un caso de negocio no sólo justificará el proyecto desde el punto de vista del retorno esperado de la inversión, sino que aclarará por qué razones los resultados producidos por el proyecto son necesarios (comerciales, técnicas, sociales, legales o ecológicas). El caso de negocio también debe mostrar el alineamiento del proyecto con los objetivos estratégicos de la organización.

En consecuencia, el caso de negocio es una entrada esencial para el Acta de Constitución del Proyecto junto con los acuerdos escritos que reflejen los propósitos iniciales del proyecto. Estos acuerdos pueden figurar en un memorando de entendimiento (MOU) o en un acuerdo al nivel del servicio (SLA).

En los casos en que el proyecto se ejecute para un cliente, el acuerdo será un contrato formal que deberá ser coherente con el Acta de Constitución del Proyecto. Por supuesto, se empieza usando la experiencia y las buenas prácticas existentes en la organización. La documentación de otros proyectos similares, las lecciones aprendidas, los datos históricos y las plantillas forman parte de los Activos de los Procesos de la Organización, que constituyen una entrada importante para muchos procesos en distintas áreas de conocimiento.

Además, en el inicio y en la definición posterior del proyecto, se toman en consideración los llamados "Factores Ambientales de la Empresa", que son entradas importantes. Estos factores tienen gran preponderancia en el éxito del proyecto y pueden ser internos o externos a la organización ejecutora. Pueden proceder de cualquiera de las organizaciones relacionadas con el proyecto, como la cultura y estructura organizativa, las infraestructuras, los recursos existentes, las bases de datos comerciales, la situación del mercado y las aplicaciones informáticas de dirección de proyectos.

4.2 Desarrollar el Plan para la Dirección del Proyecto

El Plan para la Dirección del Proyecto es el "plan de planes". Está formado por todas las líneas base y los planes de gestión secundarios, pertenecientes a las otras nueve áreas de conocimiento:

- línea base del alcance (véase Capítulo 5),
- línea base del cronograma (véase Capítulo 6),
- línea base de costos (véase Capítulo 7),
- plan de gestión del alcance (véase Capítulo 5),
- plan de gestión de los requisitos (véase Capítulo 5),
- plan de gestión del cronograma (véase Capítulo 6),
- plan de gestión de costos (véase Capítulo 7),
- plan de gestión de calidad (véase Capítulo 8),
- plan de mejora de procesos (véase Capítulo 8),
- plan de gestión de los recursos humanos (véase Capítulo 9),
- plan de gestión de las comunicaciones (véase Capítulo 10),
- plan de gestión de riesgos (véase Capítulo 11),
- plan de gestión de las adquisiciones (véase Capítulo 12) y
- plan de gestión de los interesados (véase Capítulo 13).

Las tres primeras líneas base mencionadas pueden ser combinadas en una Línea Base para la Medición del Desempeño que será utilizada para la Gestión del Valor Ganado (capítulo 7).

El Plan para la Dirección del Proyecto describe el ciclo de vida del proyecto e incluye un Sistema de Control de Cambios que explica el funcionamiento de ese sistema junto con un Sistema de Gestión de la Configuración, indicando los modos de gestión de los elementos de la configuración. También da indicaciones sobre la manera en que se tratarán los incidentes relativos al proyecto.

Es importante asegurarse que el Plan para la Dirección del Proyecto cumple con su propósito. Debe ser adecuado, de modo que documente la forma en que está organizado el trabajo y cómo será realizado, indicando:

- El tipo de ciclo de vida en que se desarrollará el proyecto.
- Los procesos concretos que se aplicarán en cada fase.
- Las herramientas y técnicas que se emplearán para cumplir con los requisitos.

El Plan para la Dirección del Proyecto no es algo definitivo y puede necesitar actualizaciones a lo largo de la vida del proyecto, en función de los resultados reales del rendimiento del trabajo realizado.

4.3   Dirigir y Gestionar el Trabajo del Proyecto

Mientras que el Acta de Constitución del Proyecto y el Plan para la Dirección del Proyecto consideran la "planificación del trabajo" como parte del proyecto, Dirigir y Gestionar el Trabajo del Proyecto concierne a la "ejecución del plan". Este proceso se centra en el cumplimiento de los requisitos del proyecto, generando los entregables y dirigiendo a los miembros del equipo del proyecto y a los interesados.

También se ocupa de asignar recursos, de establecer los canales de comunicación y de facilitar el pronóstico del proyecto, dando información sobre el progreso del mismo (tiempo, costos y alcance). Además, incluye la gestión de los cambios, del riesgo y de los proveedores. En este proceso se materializa la esencia del proyecto. El resultado son los entregables. La *Guía del PMBOK®* define como entregable "cualquier producto, resultado o capacidad de prestar un servicio único y verificable que deba producirse para completar un proceso, una fase o un proyecto".

Junto a los entregables, este proceso proporciona informaciones acerca del desempeño del trabajo en términos del estado de los entregables, de progreso del cronograma y de los costos incurridos. En el caso de que se encuentren problemas durante la ejecución del trabajo, se emiten solicitudes de cambios que pueden afectar el alcance, los costos, el cronograma y/o la calidad del proyecto. Estas solicitudes de cambios pueden incluir acciones correctivas o preventivas, recomendaciones de reparación de defectos o la actualización de los documentos o planes controlados formalmente.

4.4   Monitorizar y Controlar el Trabajo del Proyecto

Monitorizar y Controlar el Trabajo del Proyecto abarca la gestión del progreso del proyecto para asegurar que se están cumpliendo los objetivos de desempeño. La monitorización se realiza a lo largo de la vida del proyecto. De acuerdo con la *Guía del PMBOK*®: "La monitorización continua permite al equipo de dirección del proyecto conocer el estado del proyecto e identificar las áreas que puedan requerir una atención especial". El control incluye la determinación de acciones preventivas o correctivas o la modificación de los planes de acción y el seguimiento de los mismos, para determinar si las acciones emprendidas permitieron resolver el problema de desempeño.

El equipo de dirección del proyecto utiliza los informes sobre el desempeño del trabajo (véase el capítulo 10) para comparar el desempeño actual del proyecto con el Plan para la Dirección del Proyecto. El resultado de la evaluación puede dar lugar a una recomendación de acciones correctivas o preventivas y a la identificación de nuevos riesgos, así como actualizaciones de los documentos y del Plan para la Dirección del Proyecto.

4.5   Realizar el Control Integrado de Cambios

Realizar el Control Integrado de Cambios es el proceso que consiste en analizar todas las solicitudes de cambios, aprobar los mismos y gestionar los cambios de los entregables, de los activos de los procesos de la organización, de los documentos del proyecto y del Plan para la Dirección del Proyecto, así como comunicar las decisiones correspondientes.

Debido a que la expansión no controlada del alcance (corrupción del alcance) es un riesgo que corren todos los proyectos, la gestión estricta de las solicitudes de cambios es decisiva para mantener el proyecto bajo control. El "cambio" es inevitable en la vida, y los proyectos sin cambios no existen, de ahí la necesidad del Control Integrado de Cambios.

Sólo se permite la implementación de los cambios aprobados. La revisión de una solicitud de cambio y el análisis documentado de su impacto es la base sobre la que se toman las decisiones acertadas. La implementación de los cambios requiere una coordinación estricta, con el fin de controlar su impacto en el proyecto. Un cambio en los requisitos del proyecto puede afectar el cronograma, los costos, los riesgos, la calidad y los recursos.

El Sistema de Gestión de la Configuración con control integrado de cambios es una herramienta útil en este proceso, porque permite gestionar de forma centralizada los cambios y las líneas base. El control de cambios incluye la identificación, la documentación y el control de los cambios dentro del proyecto.

El proceso de realización del Control Integrado de Cambios puede simplificarse, estableciendo un Comité de Control de Cambios (CCB) que mantenga reuniones frecuentes para evaluar, documentar y decidir sobre las solicitudes de cambios. Los interesados apropiados deben tener voz y voto en la designación de los miembros del CCB y en la definición exacta del rol y de las responsabilidades que éste asumirá.

El Control Integrado de Cambios proporciona las actualizaciones del estado de las solicitudes de cambios junto con los cambios de los elementos pertinentes del Plan para la Dirección del Proyecto.

4.6   Cerrar el Proyecto o Fase

Este proceso consiste en finalizar todas las actividades en todos los Grupos de Procesos de la Dirección de Proyectos para completar formalmente el proyecto o una fase del mismo. La pregunta clave a la que hay que responder es: ¿el proyecto o la fase entregados ha alcanzado los resultados requeridos? La revisión del Plan para la Dirección del Proyecto indicará si el estado actual de los entregables del proyecto o de la fase justifica su cierre.

Para ser más precisos, el director del proyecto debe asegurar la finalización de todas las actividades necesarias para:
• Satisfacer los criterios de cierre de la fase o del proyecto.
• Transferir los entregables (producto, servicio, resultado) a la fase siguiente o a la parte de la organización solicitante que utilizará, mantendrá y dará soporte a los entregables.
• Recopilar los registros del proyecto y las lecciones aprendidas para su uso en futuros proyectos. Los Activos de los Procesos de la Organización se actualizarán durante el proceso de cierre.

El cierre del proyecto debe hacerse correctamente para evitar que cuestiones no resueltas afecten al uso, mantenimiento o soporte del resultado del proyecto.

Capítulo 5
Gestión del Alcance del Proyecto

El alcance del proyecto es la respuesta a la pregunta "qué": qué "producto" resultará del proyecto y qué resultados intermedios son necesarios para obtener el "producto final", o sea el *alcance del producto*, las características y funciones propias del resultado final del proyecto, así como el *alcance del proyecto*, es decir todo el trabajo necesario para obtener el alcance del producto.

La Gestión del Alcance del Proyecto comprende los procesos necesarios para definir y controlar el trabajo necesario (dentro del alcance) y evitar el trabajo innecesario (fuera del alcance) para obtener el resultado del proyecto. Los procesos de la Gestión del Alcance del Proyecto son:

1. **Planificar la Gestión del Alcance**: crear un Plan para la Gestión del Alcance.
2. **Recopilar Requisitos**: definir y documentar las necesidades de los interesados para alcanzar los objetivos del proyecto.
3. **Definir el Alcance**: describir detalladamente el proyecto y el producto.
4. **Crear la Estructura de Desglose del Trabajo (*WBS/EDT*)**: subdividir los entregables y el trabajo del proyecto en componentes más pequeños y manejables.
5. **Validar el Alcance**: obtener la validación formal y la aceptación de los entregables del proyecto que se hayan completado.
6. **Controlar el Alcance**: monitorizar el estado del alcance del proyecto y controlar los cambios de la Línea Base del Alcance.

La Línea Base del Alcance es el Enunciado del Alcance del Proyecto, la EDT/WBS y su diccionario asociado. Esta Línea Base del Alcance se monitoriza, se verifica y se controla a lo largo del ciclo de vida del proyecto (véase figura 5.1).

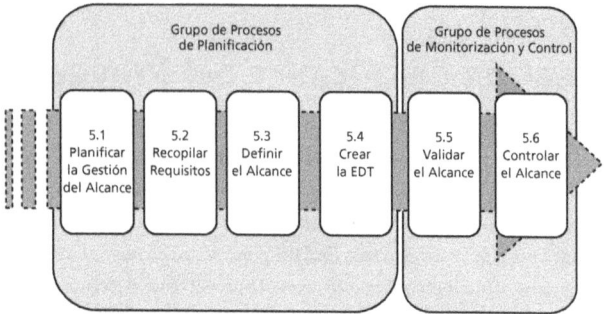

Figura 5.1 Vista general del Capítulo 5: Procesos de Gestión del Alcance

5.1   Planificar la Gestión del Alcance

El proceso Planificar la Gestión del Alcance tiene por objeto crear un Plan de Gestión del Alcance que describa la manera en que se va a definir, validar y controlar el alcance del proyecto, proporcionando una guía clara de la gestión de su alcance a lo largo del proyecto.

En base al Plan para la Dirección del Proyecto y al Acta de Constitución del Proyecto, el Plan para la Gestión del Alcance del Proyecto constituye una base para Desarrollar el Plan para la Dirección del Proyecto, cuyos procesos principales, descritos en el Plan para la Gestión del Alcance del Proyecto, son:

- preparación del Enunciado del Alcance detallado,
- creación, mantenimiento y aprobación de la WBS / EDT,
- aceptación formal de los entregables del proyecto y
- control de las solicitudes de cambios del Enunciado del Alcance detallado.

El Plan para la Dirección del Proyecto incluye el Plan para la Gestión del Alcance del Proyecto y el Plan de Gestión de los Requisitos.

5.2 Recopilar Requisitos

La recopilación de requisitos comprende todo lo relativo a la definición y
gestión de las necesidades y expectativas del cliente. Los requisitos son la
base de la WBS/EDT. Adicionalmente, los requisitos también son la base
para planificar los costos, el cronograma y la calidad. El punto de partida es
el Plan de Gestión de los Requisitos y el Plan de Gestión de los interesados.
Después, se analiza el Acta de Constitución del Proyecto y el Registro de
los Interesados.

El Acta de Constitución del Proyecto incluye los requisitos de alto nivel
del proyecto, que son la base de los requisitos detallados. El Acta de
Constitución del Proyecto se describe en el Capítulo 4.

El Registro de los Interesados, que se describe en el capítulo 13, incluye
todas las personas relacionadas con el proyecto que puedan proporcionar
información sobre los requisitos detallados.

Se pueden emplear varias técnicas para recopilar los requisitos del proyecto,
como por ejemplo:

Entrevistas

Entrevistar a participantes en el proyecto, a interesados y a expertos puede
proporcionar información valiosa para definir las características y funciones
de los entregables del proyecto.

Talleres facilitados

Los talleres reúnen a los interesados para ayudarlos a definir los requisitos
del proyecto. Estas sesiones pueden mejorar las relaciones y aumentar
la confianza entre los participantes y, por ende, el consenso entre los
interesados.

Técnicas Grupales de Creatividad

- **Tormenta de ideas**: una técnica utilizada para generar y recopilar múltiples ideas relacionadas con los requisitos del proyecto y del producto.
- **Técnicas de Grupo Nominal**: esta técnica mejora la tormenta de ideas mediante un proceso de votación para calificar las ideas más útiles, mediante una tormenta de ideas adicional para definir prioridades.

Técnicas Grupales de Toma de Decisiones

Con estas técnicas se trata de tomar decisiones en grupo, por ejemplo:

- **Unanimidad**: todos están de acuerdo en seguir una línea de acción propuesta.
- **Mayoría**: propuesta apoyada por más del 50% de los miembros del grupo.
- **Pluralidad**: el conjunto de personas más numeroso toma la decisión, aún cuando no se alcance la mayoría.

Cuestionarios y encuestas

Técnicas utilizadas para recoger rápidamente la información de un gran número de personas.

Observaciones

En el caso de que haya interesados con dificultades para articular sus requisitos, las prácticas de observación, conocidas en inglés como "job shadowing" (ver como se ejecutan los procesos en el puesto de trabajo) o como observador participante (llevar a cabo el trabajo uno mismo para experimentar el proceso), pueden ayudar a establecer los requisitos reales.

Prototipos

En este caso, se intenta implementar un modelo operativo del producto o servicio esperado para completar los requisitos. El prototipo realimenta rápidamente los requisitos a través del uso de ciclos iterativos de creación, a saber: uso, realimentación y revisión del prototipo.

Las salidas del proceso de Recopilación de Requisitos son la documentación de requisitos y la Matriz de Trazabilidad de Requisitos. La documentación de requisitos debe contener requisitos individuales precisos (medibles y comprobables), trazables, completos, coherentes y aceptables por los principales interesados.

Algunos ejemplos de componentes de la documentación de requisitos son:

* **Los requisitos de negocio**, que incluyen reglas de negocio y principios rectores de la organización.
* **Los requisitos de interesados**, que contemplan el impacto en otras partes o entidades de la organización y los requisitos de comunicación.
* **Los requisitos de la solución**, incluyendo requisitos funcionales, especificación de procesos de negocio, información y las interacciones entre ellos y con otros, tecnología, cumplimiento de estándares, requisitos de soporte y capacitación, y requisitos de calidad.
* **Los requisitos de proyecto**, como niveles de servicio, rendimiento, seguridad, cumplimiento, posibilidades de soporte y criterios de aceptación.
* **Los requisitos de transición**.
* **Los supuestos y restricciones de los requisitos**.

La Matriz de Trazabilidad de los Requisitos relaciona los requisitos del producto desde su origen hasta los entregables. Esta matriz facilita el seguimiento de los requisitos a lo largo del ciclo de vida del proyecto.

5.3 Definir el Alcance

Definir el Alcance es el proceso de elaboración de una descripción detallada del proyecto y del producto. Para ello, el director del proyecto utilizará el Plan de Gestión del Alcance, el Acta de Constitución del Proyecto y la documentación de los requisitos. Estos documentos, junto con los Activos de los Procesos de la Organización, donde están las lecciones aprendidas de proyectos anteriores, son los más importantes, puesto que proporcionan la información básica para definir el alcance del proyecto.

Técnicas como el juicio de expertos, el análisis del producto, la generación de alternativas y los talleres facilitados contribuyen a la creación del Enunciado del Alcance del Proyecto. El proceso Definir el Alcance dará lugar al Enunciado del Alcance del Proyecto, junto con las actualizaciones de la documentación de proyectos anteriores, debido a nuevos conocimientos.

El Enunciado del Alcance del Proyecto documenta los principales entregables, y los supuestos y restricciones del proyecto. El enunciado también debe contener una declaración explícita de los puntos excluidos del alcance del proyecto, con el fin de gestionar correctamente las expectativas de los interesados. En base al Enunciado del Alcance del Proyecto, el equipo del proyecto puede llevar a cabo una planificación más detallada. En el caso de solicitaciones de cambio o trabajo adicional, el Enunciado del Alcance del Proyecto servirá de guía para determinar si las solicitaciones están dentro o fuera de los límites del proyecto.

El Enunciado del Alcance del Proyecto incluye:
- **La descripción del alcance del producto:** describe, mediante sus requerimientos, el producto, servicio o resultado que se entregará.
- **Los criterios** de aceptación.
- **Los entregables del proyecto:** incluye las salidas relacionadas con el producto o servicio del proyecto, como los informes y la documentación de dirección del proyecto.
- **Las exclusiones del proyecto:** los entregables que están fuera del alcance.

- **Las restricciones del proyecto:** las restricciones que limitarán las opciones del equipo, como por ejemplo, un presupuesto predefinido o cualquier imposición de fechas o hitos del cronograma emitidos por el cliente o por la organización ejecutante.
- **Los supuestos del proyecto:** los factores considerados como realistas en la planificación.

5.4 Crear la Estructura de Desglose del Trabajo (EDT/WBS)

Crear la Estructura de Desglose del Trabajo es el proceso que consiste en subdividir los entregables del proyecto y el trabajo del proyecto en componentes más pequeños y más fáciles de manejar. Organiza y define el alcance total del proyecto. PMI define la estructura de desglose del trabajo (EDT/WBS) como:

> *Definición PMI:*
> EDT/WBS: Descomposición jerárquica del alcance total del trabajo a ser realizado por el equipo del proyecto para cumplir con los objetivos del proyecto y crear los entregables requeridos.

Para una información más detallada acerca de la estructura de desglose del trabajo, consultar el libro del PMI 'Practice Standard for Work Breakdown Structures – Second Edition'. Este estándar proporciona una guía para la generación, desarrollo y aplicación de estructuras de desglose del trabajo. Contiene ejemplos específicos de plantillas EDT/WBS que se pueden adaptar a proyectos concretos en un área de aplicación en particular.

El Enunciado del Alcance del Proyecto y la Documentación de Requisitos, son las principales entradas para la creación de la EDT/WBS.
La técnica principal para la elaboración de la EDT es conocida como la descomposición, frecuentemente con la ayuda del juicio de expertos.

Consiste en subdividir los entregables en partes más pequeñas y más manejables hasta que el trabajo y los entregables estén definidos al nivel de paquetes de trabajo, el nivel más bajo de una EDT, véase figura 5.2. A ese nivel, el costo y la duración de las actividades del trabajo pueden ser estimados y gestionados de manera fiable.

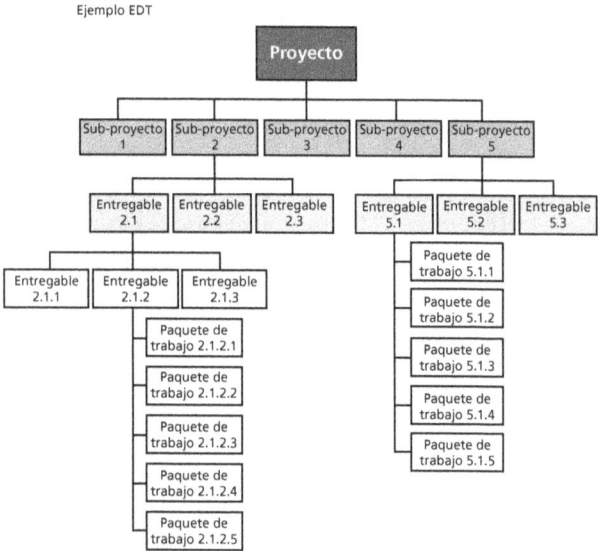

Figura 5.2 Ejemplo de EDT

La descomposición en niveles de mayor detalle mejorará la gestión del trabajo. Sin embargo, una descomposición excesiva puede ser ineficaz para la gestión, la asignación de recursos y la realización del trabajo. La descomposición en niveles de mayor detalle de futuras fases, llamada planificación gradual, es a veces relegada a una etapa ulterior.

La EDT suele estar sujeta a la regla del cien por cien (100%). Los paquetes de trabajo en los niveles inferiores deben consolidarse en los niveles superiores, de modo que no se omita nada. La EDT deberá reflejar todos los paquetes de trabajo. La EDT puede representarse como un esquema, un organigrama (el más común), un diagrama en forma de espina de pescado u otra forma de gráfico.

La EDT a menudo se apoya en el Diccionario de la EDT, que proporciona informaciones detalladas acerca de sus componentes, incluyendo, entre otros:

- el código EDT,
- la descripción del trabajo,
- la organización responsable,
- los hitos del cronograma,
- los recursos necesarios,
- las estimaciones de costo,
- los requisitos de calidad y
- los criterios de aceptación.

Este proceso se finaliza con la Línea Base del Alcance, que incluye los tres componentes **aprobados:**

- el Enunciado del Alcance del Proyecto,
- la EDT/WBS y
- el Diccionario de la EDT/WBS (si es necesario).

5.5   Validar el Alcance

Validar el Alcance es el proceso que permite la aceptación formal de los entregables del proyecto terminado. Incluye la revisión de los entregables con la participación de los interesados para obtener su aceptación formal. La *Guía del PMBOK®* hace una distinción entre validación del alcance y control de calidad: "… la validación del alcance concierne principalmente la aceptación de los entregables, mientras que el control de calidad concierne la corrección de los entregables y su conformidad con los requerimientos de calidad especificados."

El Plan para la Dirección del Proyecto, la documentación de los requisitos y los entregables verificados, junto con la Matriz de Trazabilidad de Requisitos y los datos de desempeño del trabajo, permitirán el proceso Validar el Alcance.

El Plan para la Dirección del Proyecto, tal como fue descripto en el Capítulo 4, incorpora la Línea Base del Alcance, que consiste en:
• el Enunciado del Alcance del Proyecto,
• la EDT (Estructura de Desglose del Trabajo) y
• el Diccionario de la EDT.

Los entregables verificados son los que fueron completados y verificados por el proceso Controlar la Calidad (véase Capítulo 8). La validación del alcance se hace a través de la inspección, y de técnicas de toma de decisiones, asegurando la provisión de los entregables aceptados y de las solicitudes de cambios.

Los entregables aceptados son aquellos firmados por los interesados correspondientes. La aceptación formal de los interesados se envía al proceso de Cierre de Proyecto o Fase (véase sección 4.6). Los entregables completados que no han sido formalmente aceptados, generalmente necesitan algún cambio para ser elevados al nivel requerido para su aceptación. Las solicitudes de cambios se gestionan a través del proceso Realizar el Control Integrado de Cambios (véase Capítulo 4). Adicionalmente, la validación de los entregables importantes puede ser una entrada para la comunicación con los interesados (véase Capítulo 10) para demostrar el avance del proyecto.

5.6   Controlar el Alcance

Controlar el Alcance es el proceso que consiste en gestionar el alcance
del proyecto y los cambios a la Línea de Base del Alcance. Los cambios
constituyen un hecho corriente en la vida de los proyectos, particularmente
en lo que concierne su alcance. Un control de cambios estricto es un
requisito indispensable para evitar que los cambios sin control conduzcan
a problemas en el alcance e introduzcan riesgos inaceptables. Trabajar
conformemente al proceso Controlar el Alcance asegurará que todos los
cambios son manejados a través del proceso Realizar el Control Integrado
de Cambios (véase Capítulo 4).

Para controlar el alcance se necesitan cuatro elementos clave: el Plan para
la Dirección del Proyecto, la información de desempeño del trabajo, la
documentación de los requisitos y la Matriz de Trazabilidad de Requisitos.

Para controlar el Alcance, el Plan para la Dirección del Proyecto contiene
los siguientes componentes:
* la Línea de Base del Alcance,
* el Plan de Gestión del Alcance,
* el Plan de Gestión de Cambios,
* el Plan de Gestión de la Configuración y
* el Plan de Gestión de Requisitos.

La información del desempeño del trabajo provee datos acerca del avance
del proyecto y muestra el estado de cada entregable (iniciado, en progreso,
completado, de acuerdo o no de acuerdo al plan).

Con esta información, el director del proyecto puede efectuar un análisis de variación, comprobando si existe alguna diferencia entre el
trabajo realmente realizado y la Línea Base del Alcance. El director del
proyecto puede proponer una acción correctiva o preventiva requerida

a través de una solicitud de cambio. Esta acción se realiza combinando la documentación de requisitos precisos con la Matriz de Trazabilidad de Requisitos, para detectar fácilmente desviaciones del alcance, lo cual permite comprender el impacto de cualquier cambio o desviación de la Línea Base del Alcance.

Estas solicitudes de cambios pueden conducir a actualizaciones del Plan para la Dirección del Proyecto, que generalmente son:

- Las Actualizaciones de la Línea de Base del Alcance.
- Otras actualizaciones de líneas base, si los cambios aprobados tienen un efecto sobre el alcance del proyecto. En ese caso, la Línea de Base de Costos y la Línea de Base del Cronograma deben reflejar los cambios aprobados.

Capítulo 6
Gestión del Tiempo del Proyecto

La gestión del tiempo del proyecto se refiere a los procesos requeridos para gestionar su terminación en el plazo previsto e incluye el establecimiento de fechas de entrega, hitos y fechas de finalización factibles, teniendo en cuenta las restricciones conocidas. La gestión del tiempo suele ser considerada como una disciplina central de la dirección de proyectos. Por esta razón, las herramientas de software más conocidas se concentran en la gestión del tiempo. Con frecuencia, los informes proporcionados por los paquetes software reciben el nombre de "plan de proyecto" pero según el área de conocimiento de la Gestión del Tiempo del Proyecto, se trata de un "cronograma" y no de un plan de proyecto.

El área de conocimiento de la "gestión del tiempo del proyecto" incluye siete procesos:
1. Planificar la Gestión del Cronograma,
2. Definir las Actividades,
3. Secuenciar las Actividades,
4. Estimar los Recursos de las Actividades,
5. Estimar la Duración de las Actividades,
6. Desarrollar el Cronograma y
7. Controlar el Cronograma.

En los proyectos de menor tamaño en particular, los diferentes pasos del proceso están tan íntimamente relacionados que a menudo se perciben como un proceso único, susceptible de ser realizado por una sola persona.

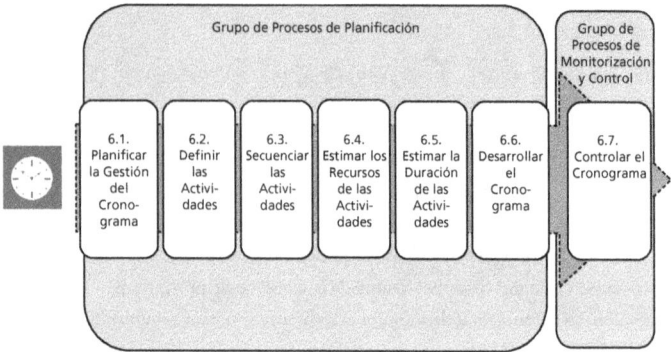

Figura 6.1 Vista general del Capítulo 6: Procesos de Gestión del Tiempo

6.1   Planificar la Gestión del Cronograma

El Plan de Gestión del Cronograma establece la manera en la que se gestionará el tiempo del proyecto. Este plan describe el método adoptado para aplicar las diferentes técnicas de gestión del cronograma, la elección de las herramientas de software que se utilizarán (si es el caso), las modalidades de cálculo del esfuerzo y de la duración de las actividades, las técnicas de estimación, etc. El Plan de Gestión del Cronograma forma parte del Plan para la Dirección del Proyecto.

6.2   Definir las Actividades

El segundo proceso define las etapas necesarias para crear la lista de actividades, partiendo de la Estructura de Desglose del Trabajo (EDT). La gestión del tiempo del proyecto está basada en actividades y no en elementos de la EDT. La EDT (véase sección 5.4) contiene los entregables descompuestos en paquetes de trabajo, mientras que las actividades representan el trabajo necesario para completar los paquetes. En proyectos pequeños puede no haber una distinción clara entre actividades y elementos de la EDT.

La técnica utilizada para definir las actividades necesarias se llama "descomposición" y es similar a la técnica descripta en la sección 5.4. No todas las actividades de los paquetes de trabajo necesitan ser descompuestas desde el comienzo. La "planificación gradual" es una técnica iterativa en la cual sólo el trabajo que debe realizarse en el corto plazo es planificado en detalle. Adicionalmente, pueden ser definidos otros atributos de las actividades. En este proceso pueden documentarse las definiciones iniciales de las personas responsables, las restricciones de recursos, la dependencia con respecto a otras actividades y las estimaciones de esfuerzos iniciales.

6.3   Secuenciar las Actividades

Una vez que las actividades se han identificado en el proceso anterior, el equipo de gestión del proyecto deberá determinar el orden correcto de ejecución y la relación de cada una de las actividades con las otras. El resultado del cronograma del proyecto es un diagrama en forma de red (véase figura 6.2), que muestra la secuencia de las actividades con relaciones obligatorias (y preferentes). El tipo de relación más frecuente es la dependencia final-a-inicio, que significa que el inicio de la actividad sucesora depende de la finalización de la predecesora (véase figura 6.3).

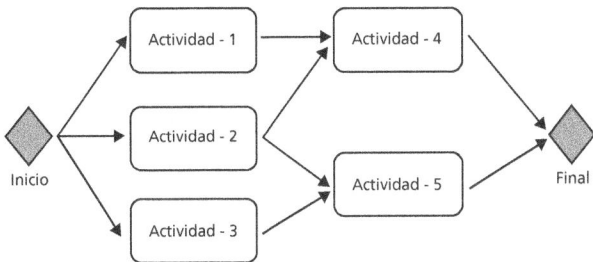

Figura 6.2 Diagrama de Red

Figura 6.3 Relación Final-a-Inicio

Otros tipos de relaciones son:
- **Final-a-Final**: la finalización de la actividad sucesora depende de la finalización de la predecesora.
- **Inicio-a-Inicio**: el comienzo de la actividad sucesora depende del inicio de la actividad predecesora.
- **Inicio-a-Final**: la finalización de la actividad sucesora depende del inicio de la predecesora (esta no es muy común y se usa principalmente en la "planificación hacia atrás").

Es muy importante recordar el objetivo del proceso Secuenciar las Actividades: se trata de encontrar y documentar verdaderas dependencias. No hay restricciones de recursos ni estimaciones de esfuerzos.

Ejemplo

La actividad PG "Pagar la Gasolina" tiene una relación Fin-a-Inicio con la actividad RV "Repostar el Vehículo". La actividad CPN "Comprobar la Presión de los Neumáticos" es totalmente independiente. Incluso cuando no hay más recursos, el diagrama de red se parece al representado en la figura 6.4.

También es importante verificar que cada actividad en un diagrama de red tenga como mínimo una "flecha de entrada" y una "flecha de salida". Si una actividad en un tal diagrama carece de entrada o de salida, se trata de una discontinuidad o quiebra, que es necesario corregir.

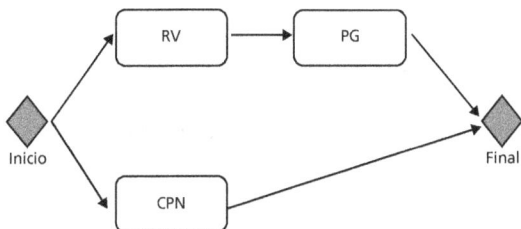

Figura 6.4   Diagrama de Red de las actividades al repostar en una gasolinera

6.4   Estimar los Recursos de las Actividades

El paso siguiente es estimar los tipos y cantidades de materiales, personas, equipos o proveedores por actividad. La dificultad reside en que el proceso Estimar los Recursos de las Actividades es un cálculo aproximado al principio, que será afinado durante el proceso Desarrollar el Cronograma. El objetivo no es sólo conseguir el número estimado de personas, sino también identificar las habilidades necesarias (y otros recursos, además de las personas) para hacer el trabajo.

Ejemplo

Un proyecto de rehabilitación de un edificio histórico puede requerir pintores especialmente capacitados. En la primera iteración del proceso podríamos identificar la necesidad de cuatro pintores, pero más tarde, el proceso Desarrollar el Cronograma muestra que un mínimo de ocho es necesario para terminar el proyecto a tiempo.

El resultado de este proceso es la identificación y documentación de las necesidades de recursos de las actividades. La estructura de desglose de recursos es objeto de una descomposición y los documentos del proyecto, tales como los atributos de la actividad, se actualizan.

6.5   Estimar la Duración de las Actividades

¿Cuánto dura una tarea? Para determinarlo, hay que hacer la distinción entre esfuerzo y duración. El esfuerzo es la cantidad de trabajo a realizar. La duración es el periodo de tiempo asignado para realizar dicho esfuerzo. ¡Nunca deben confundirse!

> *Aclaración*
> Para hacerse una idea de la duración necesaria, es necesario determinar el esfuerzo por actividad. La estimación del esfuerzo por actividad se habrá realizado o bien en el proceso previo (Estimar los Recursos de las Actividades) o bien en este proceso. Una estimación de la duración sin una estimación correcta del esfuerzo es imposible.

Toda estimación –esfuerzo o duración– sufre grandes variaciones (incertidumbre) al inicio de un proyecto. Por tanto, debe ser actualizada progresivamente en el curso del proyecto para reducir la incertidumbre y mejorar el control del proyecto. Existen varias técnicas de estimación. He aquí las tres más importantes.

Estimación análoga

Esta técnica utiliza parámetros como el presupuesto, el tamaño y la complejidad de proyectos previos. Se recurre a ella cuando se dispone de poca información, normalmente en las fases iniciales del proyecto. El peligro de la estimación análoga es comparar dos situaciones que realmente no deberían o no podrían ser comparadas. En general es menos costosa, pero menos precisa.

Estimación paramétrica

Es similar a la estimación análoga, pero utiliza relaciones estadísticas entre datos históricos (análogos) y otras variables. Un ejemplo típico de estimación paramétrica de la duración de un proyecto de construcción es la utilización del tiempo de trabajo necesario por metro cuadrado, multiplicado por el número total de metros cuadrados a construir. Se puede aportar una mayor precisión a esta técnica, en función de la sofisticación del algoritmo de cálculo y de los parámetros subyacentes del modelo.

Estimación por tres valores

Considerado como uno de los mejores métodos de estimación, este método utiliza tres valores por actividad:

- tiempo más probable (t^{mp}),
- tiempo optimista (t^{opt}) y
- tiempo pesimista (t^{pes}).

Para determinar la duración esperada de la actividad, se utiliza la fórmula que pondera el valor más probable por un factor de cuatro (figura 6.5.).

$$PERT = \frac{t^{opt} + (4*t^{mp}) + t^{pes}}{6}$$

Figura 6.5 Fórmula PERT

Es una técnica de estimación útil si no se dispone de otra fuente.

6.6   Desarrollar el Cronograma

En esta etapa, todos los elementos necesarios para desarrollar el cronograma están disponibles: las actividades están definidas; los recursos estimados; la duración de cada actividad disponible y las relaciones lógicas definidas en un diagrama de red. Una herramienta de planificación que ofrezca resultados preliminares basados en las entradas mencionadas anteriormente permite optimizar el trabajo.

Desarrollar el cronograma es casi siempre un proceso iterativo, ya que el primer resultado cumplirá difícilmente con las expectativas, fechas e hitos acordados. Suele requerir revisiones y nuevas estimaciones de recursos y duraciones. Una vez desarrollado, el cronograma se somete a un análisis de red para determinar las holguras, comprobar la carga de trabajo de los recursos, realizar simulaciones de escenarios, revisar las relaciones lógicas, etc.

El método más común para analizar el cronograma es el llamado **Método de la Ruta Crítica** o **CPM**. Para calcular con este método la fecha más temprana de finalización, se suman las duraciones de las actividades siguiendo el diagrama de red. El CPM determina un camino, entre todos los disponibles en el diagrama, lo que tendrá una influencia en la fecha de finalización. En otras palabras, un retraso en esta ruta causará, con toda seguridad, un retraso en el hito siguiente. El algoritmo del CPM es la base de los programas software más conocidos y representa el estándar en el desarrollo de cronogramas.

Una técnica relativamente nueva es el **Método de la Cadena Crítica**, desarrollado a partir del CPM y que sólo considera recursos limitados o muy especializados. Tras ejecutar una planificación convencional CPM, se introducen los datos de disponibilidad de los recursos. Así resulta un cronograma basado en recursos limitados, cuyo camino crítico es frecuentemente distinto del inicial.

La **nivelación de recursos** es una técnica empleada para evitar sobrecargas de trabajo. La nivelación es necesaria cuando los recursos han sido asignados en exceso o cuando un recurso escaso es disponible sólo en momentos o cantidades limitadas.

La **compresión del cronograma** es una técnica que utiliza la "intensificación" (crashing) y la "ejecución rápida" (fast-tracking). Cuando el director del proyecto necesita reducir la duración total del proyecto, recurre a una o a ambas técnicas. La intensificación acorta la duración de una actividad única. ¿Cómo se puede conseguir esto? Por ejemplo, añadiendo recursos o trabajando horas extras. La ejecución rápida significa que una actividad que sucede a otra en un diagrama de precedencia del tipo fin a inicio no esperará que termine su predecesora para comenzar, sino que empezará en la fecha planificada. La ejecución rápida incrementa el riesgo de repetición del trabajo, pero es una técnica comúnmente usada para reducir la duración del proyecto.

Los resultados típicos del proceso de desarrollo del cronograma son planificaciones como las de las ilustraciones 6.6, 6.7 y 6.8.

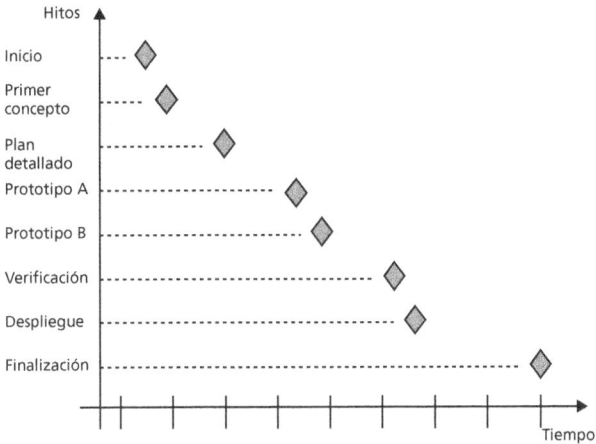

Figura 6.6 Cronograma de hitos

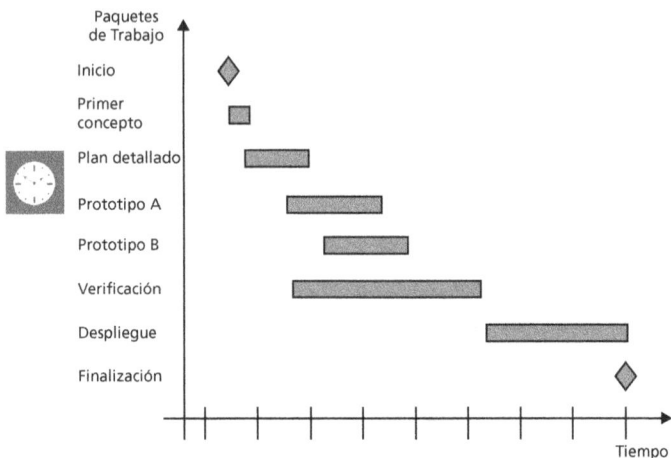

Figura 6.7 Diagrama de barras

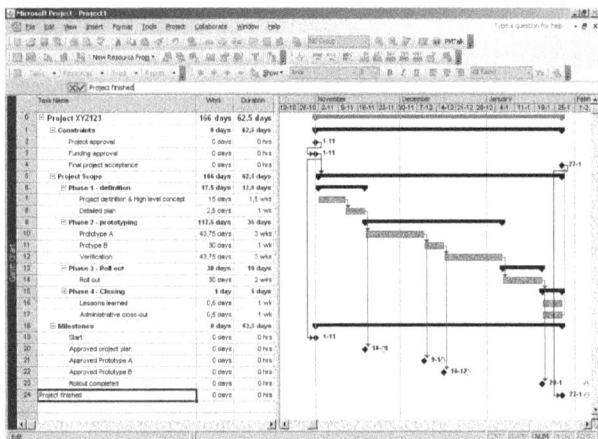

Figura 6.8 Diagrama de Gantt: un cronograma detallado con relaciones de precedencia

Al finalizar el Desarrollo del Cronograma, el resultado final es una Línea Base del Cronograma que puede ser integrada en el Plan de Gestión del Proyecto.

6.7 Controlar el Cronograma

El control del cronograma requiere obligatoriamente una Línea Base del Cronograma. Su mantenimiento es igualmente importante para asegurar que la línea base refleja en todo momento la situación real. De este modo, Controlar el Cronograma es utilizado para monitorizar su estado y gestionar los cambios en la Línea Base del Cronograma. Este proceso permite:

- determinar el estado real,
- intentar influir en los factores que pueden producir cambios en el cronograma,
- identificar si el cronograma ha cambiado por cualquier razón y
- gestionar los cambios cuando puedan ocurrir.

El resultado final de este proceso es la actualización del cronograma y de los registros del proyecto.

En conclusión, al seguir sistemáticamente estos siete procesos de dirección de proyectos para la gestión del tiempo, el director del proyecto, el equipo de dirección del proyecto y los gerentes de alto nivel son capaces de gestionar y comunicar adecuadamente una de las restricciones más importantes del proyecto: ¡el tiempo!

Esta es la mejor manera de definir y gestionar preventivamente los plazos en que se producirán las entregas posteriores del proyecto y, en consecuencia, de optimizar la duración. Su contribución para asegurar que las actividades están bien planificadas y se hacen correctamente desde el principio es inestimable. Los resultados del proyecto se maximizan y el esfuerzo necesario para conseguirlos se minimiza. Como "el tiempo es oro", los costes son, en general, consecuencia directa de la eficacia en la gestión del tiempo.

Capítulo 7
Gestión de los Costos del Proyecto

El presupuesto suele ser una de las principales restricciones de un proyecto. La Gestión de los Costos consiste en elaborar el presupuesto y en hacer que el costo real quede dentro de los límites del presupuesto aprobado. Pero si la motivación principal del proyecto es de tipo financiero, es decir que la decisión de la inversión está fundada por los ahorros esperados tras la entrega del proyecto, también será necesario salvaguardar, y posiblemente mejorar, el resultado financiero del proyecto.

En los entornos de proveedor-cliente, es necesario distinguir entre el presupuesto del proyecto y el precio potencial de un proyecto – es decir, el precio de mercado de los resultados del proyecto. La Gestión de Proyectos y especialmente la Gestión de los Costos del Proyecto sólo tienen que ver con el presupuesto, mientras que el precio y el margen –positivo o negativo– correspondientes dependen de la gestión externa del proyecto. Los componentes de la gestión de costos son: la definición de los costos ("estimaciones"), la definición de una línea base ("presupuesto") y, finalmente, el control de los costos, principalmente a través de la técnica denominada Gestión del Valor Ganado (EVM). Esto se explicará con más detalle en la sección 7.4.

El área de conocimiento Gestión de los Costos del Proyecto consta de cuatro procesos:
1. Planificar la Gestión de Costos,
2. Estimar los Costos,
3. Determinar el Presupuesto y
4. Controlar los Costos.

Un director de proyectos debe conocer los costos que se asignan al proyecto, la forma en que éstos se asignan y los conceptos de control de esos costos. Por ejemplo, un proyecto de TI donde se necesitan entornos dedicados de pruebas, deberá contar con una visión clara del presupuesto que suponen estos entornos. También es importante tener presentes las necesidades de los interesados en relación a la contabilización de los costos, ya que ellos pueden tener diferentes concepciones y requisitos acerca de la manera de asignar costos y de dar informaciones sobre ellos.

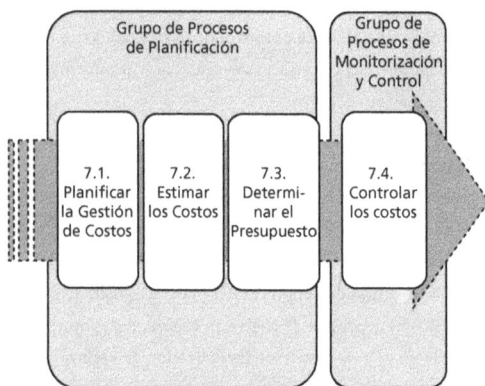

Figura 7.1 Vista general del Capítulo 7: Procesos de Gestión de los Costos

Otro aspecto de la Gestión de los Costos del Proyecto concierne las consecuencias de las decisiones del proyecto en relación con el mantenimiento del producto o los costos de soporte de producto. ¿Hay que mantener los costos de los proyectos bajos con el fin de cumplir con el presupuesto, incluso si el resultado es un aumento de los costos de mantenimiento?

7.1   Planificar la Gestión de los Costos

La gestión de costos se suele realizar durante las etapas iniciales de planificación, como la definición del alcance y la asignación de recursos. El método de gestión de los costos en un determinado proyecto se documenta en el Plan de Gestión de los Costos. Este plan, que forma parte del Plan para la Dirección del Proyecto, describe los criterios necesarios para planificar, estructurar, estimar, presupuestar y controlar los costos del proyecto. Un Plan de Gestión de los Costos debe cubrir los siguientes elementos:

- **Nivel de exactitud**: ¿Con qué exactitud se estimarán y por tanto se controlarán los costos (p. ej.: es útil redondear los datos)?
- **Unidades de medida**: ¿Qué unidades o combinaciones de unidades se usarán en las mediciones (horas, días, semanas, meses...)?
- **Enlaces con los procedimientos de la organización**: ¿Cómo está vinculado el trabajo de la EDT con el sistema contable de la organización ejecutora?
- **Umbrales de control**: ¿Qué desviaciones respecto a la línea base se consideran normales y se permiten?
- **Reglas para la medición del desempeño**: ¿Qué reglas se aplicarán en el proyecto?
- **Formatos de los informes**: ¿Qué formato tendrá la presentación de los informes?
- **Descripciones de los procesos**: ¿Hay que hacer definiciones adicionales de procesos?

7.2   Estimar los Costos

Estimar los Costos no es un esfuerzo que se hace en una sola vez. En las primeras etapas o fases de un proyecto, las variaciones de las estimaciones pueden ser importantes. Cuanta más información sea disponible, mejores serán las estimaciones. Por lo tanto, se irán refinando durante el transcurso de un proyecto con el fin de ir reduciendo el rango de variación. El grado de incertidumbre de las estimaciones depende del producto y podrá variar de una industria a otra y de un sector a otro. En algunas organizaciones existen pautas sobre el grado de exactitud esperado en cada etapa del proyecto.

Importante

Cuando se trata la estimación de costos, todos los recursos que se asignarán al proyecto formarán parte de la misma: el trabajo, los materiales, el equipamiento, los servicios, las instalaciones e incluso el factor de inflación o los costos de contingencia.

Al finalizar el proceso se habrán estimado los costos de todos los recursos. También puede ser necesario documentar las fuentes de las estimaciones, así como los criterios adoptados y las restricciones y supuestos que han influido en las estimaciones.

Entradas:
- **El Enunciado del Alcance, la EDT** (incluyendo el diccionario de la EDT) y la lista de actividades: estos son los elementos más importantes para determinar las estimaciones de costos.
- **El cronograma del proyecto**: el tipo y la cantidad de los recursos se pueden encontrar aquí, así como las estimaciones de esfuerzo y duración de los trabajos a realizar.
- **Plan de recursos humanos**: los atributos de la dotación de personal y sus tarifas pueden figurar aquí.
- **Registro de Riesgos**: los costos para mitigar los riesgos y los costos potenciales (adicionales), en el caso de que se materialicen los riesgos, se documentan aquí.

Teniendo en cuenta las diferentes entradas, el equipo del proyecto puede utilizar distintas herramientas y técnicas para determinar la mejor estimación de costos posible en una fase concreta del proyecto. Siguen a continuación algunos ejemplos:

El **juicio de expertos.** Basándose en información histórica de proyectos similares o paquetes de trabajo, los expertos pueden aconsejar o no la combinación de métodos de estimación y de conciliación de las diferencias entre ellos.

La **estimación análoga** es similar al juicio de expertos. La información de otros proyectos se utiliza para determinar la base de las estimaciones del proyecto actual.

La **estimación paramétrica** utiliza un modelo matemático (como los metros cuadrados al pintar) para obtener un presupuesto o duración, o incluso un precio.

La **estimación ascendente** es en muchos casos la técnica más precisa, pero el inconveniente es que consume mucho tiempo. Esta técnica estima el costo de cada paquete de trabajo de la EDT. De la suma de los costos de todos los paquetes de trabajo (el nivel más bajo de la EDT) resulta la estimación del costo de la totalidad del proyecto. Este método puede ser más preciso si se completa con la técnica de "**estimación por tres valores**", analizada en la sección 6.5 y que puede aplicarse tanto a costos como al tiempo.

7.3 Determinar el Presupuesto

El presupuesto del proyecto se deriva de las estimaciones de los costos agregados de las actividades individuales o de los paquetes de trabajo. El importe agregado representa el presupuesto del proyecto. Sin embargo, las reservas de gestión no son parte del presupuesto del proyecto, sino que permanecen bajo el control de la dirección.

Al combinar las estimaciones de costo de las actividades con el cronograma del proyecto, resultará una línea base del costo que constituye el fondo autorizado para ejecutar el proyecto y es una entrada importante del proceso siguiente: "Controlar a los Costos". La línea base es la curva en "S", (figura 7.2) que representa la cantidad de dinero disponible para gastar en el transcurso del proyecto.

Otro de los resultados del proceso "Determinar el Presupuesto" puede ser un plan de financiación del proyecto, definido en última instancia por el patrocinador del mismo. Si el proyecto se financia con los pagos adelantados de clientes, la línea base proporciona una valiosa aportación sobre las necesidades adicionales de financiación o sobre las necesidades específicas de soporte financiero por parte de la organización ejecutora.

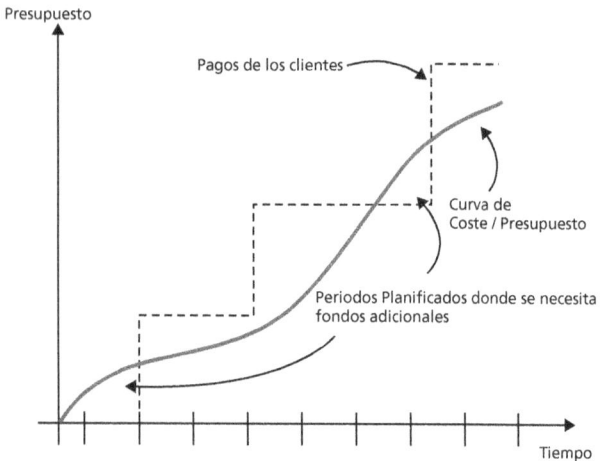

Figura 7.2 Ejemplo de una línea base con forma de S

7.4   Controlar los Costos

Este proceso de la *Guía del* PMBOK® incluye una de las técnicas clave
de control de gestión de proyectos utilizadas actualmente, denominada
Gestión del Valor Ganado (*Earned Value Management* EVM). Controlar los
Costos consiste en monitorizar el estado del proyecto así como gestionar los
cambios en la línea base de costos. El control de costos incluye los cambios
que afectan a la línea base de costos, asegurando que todas las solicitudes de
cambios se realizan en modo y tiempo oportunos, gestionando los cambios
y monitorizando el desempeño de los costos y del trabajo.

Existen dos entradas importantes en el proceso Controlar los Costos. La
primera es la línea base de costos, ya explicada anteriormente. La segunda
es la información sobre el desempeño del trabajo, es decir, la información
acerca del trabajo realizado: qué actividades se han completado, qué
actividades o paquetes de trabajo se encuentran en curso de realización y
cuánto dinero se ha gastado.

Un elemento clave del control de costos y del proyecto es la determinación
del trabajo realizado. Existen diferentes técnicas y métodos para dar cuenta
lo mejor posible del avance del proyecto, como por ejemplo las técnicas del
0/100 o del 20/80.

Gestión del valor ganado (EVM)

Como se ha mencionado, EVM es la técnica más utilizada para determinar
el estado de un proyecto en términos de tiempo y costo. La lógica
de EVM es la comparación del valor planificado con el costo real e
independientemente, con el progreso realizado (i.e. ganado) por el equipo.
La comparación simple entre el valor planificado y el costo real ("hasta la
fecha estaba previsto gastar 150 k$, pero se han gastado sólo 130 k$, es
decir 20 k$ menos que lo previsto") puede prestarse a confusión, porque

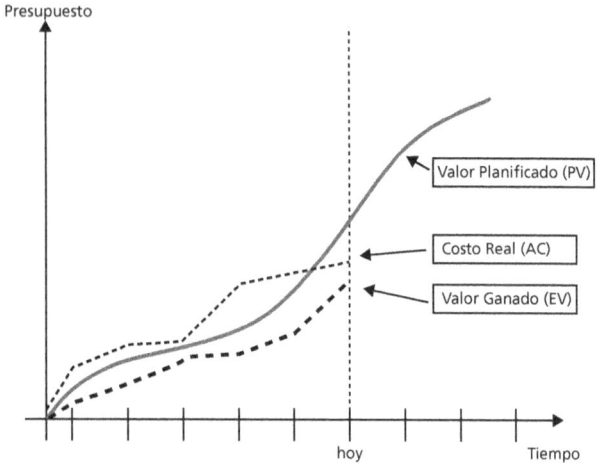

Figura 7.3 Gestión del Valor Ganado (EVM)

no se dice nada sobre cómo se ha gastado el dinero ni si el trabajo está completado según el plan. Es una mera suposición que la cantidad de dinero gastada es proporcional al trabajo completado.

Multiplicando el presupuesto por el porcentaje del trabajo completado, EVM introduce una tercera dimensión relacionada con el valor del trabajo que realmente se ha completado. En el ejemplo anterior, si el presupuesto es de 250 k$ y si el director del proyecto informa un avance del 40% en el trabajo, el valor virtual conseguido en el proyecto es de 250 k$ × 40% = 100 k$. El proyecto tiene un *Earned Value* (EV) de 100 k$. Por supuesto, se trata de una cantidad ficticia y virtual, ya que nadie pagaría 100 k$ por un trabajo realizado sólo a la mitad. Sin embargo, el valor ganado permite determinar la situación del proyecto comparándolo con la cantidad que se ha gastado realmente (130 k$) y con la cantidad que debería haberse gastado hasta la fecha (150 k$).

Según las cifras del ejemplo, el proyecto tiene un sobrecoste. Se ha realizado un trabajo por valor de 100 k$ pero ya se han gastado 130 k$. El sobrecoste es de 30 k$ con respecto al plan. También puede decirse que el proyecto está atrasado. Se ha completado un trabajo por valor de 100 k$, pero se esperaba haber completado un trabajo por valor de 150 k$ a día de hoy. El retraso es de 50 k$ respecto a lo programado. Sí, ha leído bien: "50 k$" debajo de lo programado. Esto confunde a muchos recién llegados al EVM: la dimensión temporal se expresa en unidades de dinero. Pero esto hace el cálculo más simple y, como todo el mundo sabe, "el tiempo es oro".

Capítulo 8
Gestión de la Calidad del Proyecto

La Gestión de la Calidad del Proyecto contribuye a la realización de sus objetivos de calidad. La *Guía del PMBOK®* establece tres procesos en relación con la Gestión de la Calidad del Proyecto:

1. **Planificar la Gestión de Calidad**: consiste en recopilar todos los requisitos de calidad y en describir la manera en que el equipo de proyecto demostrará el cumplimiento de los mismos.
2. **Realizar el Aseguramiento de Calidad**: consiste en auditar los requisitos de calidad y la aplicación de las normas de calidad a través de las mediciones de control de calidad.
3. **Controlar la Calidad**: consiste en ejecutar las actividades de control de calidad para medir el desempeño y recomendar cambios en caso necesario.

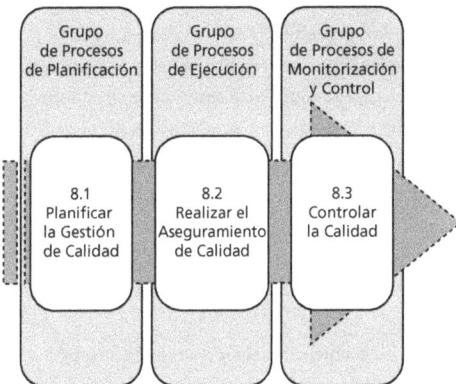

Figura 8.1 Vista general del Capítulo 8: Procesos de Gestión de la Calidad

El incumplimiento de los requisitos de calidad del proyecto tendrá un impacto negativo importante en el desempeño del proyecto y en la entrega del resultado. Esto resalta la importancia de la gestión de la calidad, que se refiere tanto a la calidad del producto como a los procesos de gestión del proyecto.

La calidad se puede definir como el nivel al que un producto o servicio cumple con su especificación o con las expectativas de sus usuarios. Calidad no es sinónimo de grado. El grado es la expresión de las prestaciones técnicas de un producto. Dos productos o servicios pueden tener el mismo uso funcional pero las prestaciones pueden ser distintas. Mientras que una calidad baja (defectos o incumplimiento de expectativas) es siempre un problema, un grado bajo (pocas prestaciones) puede no ser un problema.

Tanto en la dirección de proyectos como en la gestión de la calidad se reconoce la importancia de la satisfacción del cliente, se prefiere la prevención a la inspección, la mejora continua y la responsabilidad de la dirección en lo que respecta a la calidad. El costo de la calidad va más allá del simple ciclo de vida. El nivel de calidad deseada normalmente conlleva un costo inicial, debido al esfuerzo necesario para alcanzarla, y es objeto de un compromiso entre la dirección del proyecto y la organización patrocinadora, que deben manejar cuidadosamente, ya que su costo se aplica a todo el ciclo de vida del producto y no exclusivamente al ciclo de vida del proyecto. La incorporación de la calidad en las fases tempranas del ciclo de vida reduce el costo. Por tanto, se podría decir: ¡La calidad es gratis!

8.1   Planificar la Gestión de Calidad

Planificar la Gestión de Calidad pretende reunir todos los requisitos de calidad del proyecto y registrarlos en el Plan de Gestión de la Calidad. Cuanto más rigurosos sean los requisitos de calidad, más tiempo y dinero serán necesarios para conseguir el resultado del proyecto. La aplicación de estándares de calidad exigentes puede requerir un análisis de riesgos sobre su impacto en los planes del proyecto. Por este motivo Planificar la Gestión de la Calidad es una parte integral del proceso de planificación del proyecto.

El proceso empieza con la identificación de los requisitos de calidad y las restricciones de los entregables a partir de las líneas de base del Alcance, de los Costos y del Cronograma y del Plan para la Dirección del Proyecto. Si la organización dispone de su propia política de calidad, es recomendable incluirla en el Plan de Gestión de la Calidad. El Registro de los Interesados también proporciona información sobre los requisitos específicos de calidad del proyecto. La documentación de requisitos es decisiva cuando se define la organización del control de la calidad.

El Plan de Gestión de la Calidad debe identificar también las herramientas y técnicas adaptadas para esta tarea. De las siete herramientas básicas de calidad (diagramas causa-efecto, diagramas de flujo, hojas de verificación, diagramas de Pareto, histogramas, diagramas de control y diagramas de dispersión), cabe destacar las siguientes:

- **Diagramas causa-efecto** – también conocidos como diagramas de Ishikawa o diagramas en forma de espina de pescado: se emplean para encontrar la causa raíz de un problema analizando la causa subyacente a cada evento, lo que finalmente permite identificar "el problema", véase figura 8.2.
- **Diagramas de Control**: empleados fundamentalmente para determinar la estabilidad de un proceso en curso de ejecución utilizando los límites superiores e inferiores de las especificaciones para reflejar los niveles máximos y mínimos permitidos.
- **Diagrama de Pareto**: tipo de histograma que muestra la frecuencia de diversos errores con objeto de aplicar las acciones correctivas al tipo de error adecuado. Esto se basa en el principio de Pareto, también conocido

como regla de 80/20, según la cual "el 80% de los errores son causados
por el 20% de las causas conocidas".

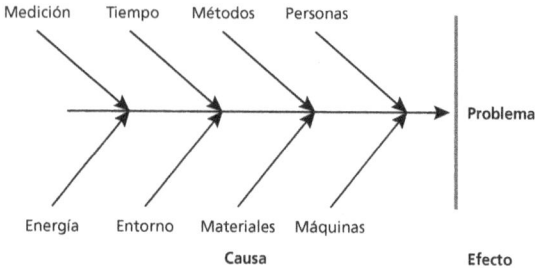

Figura 8.2 Diagrama de causa y efecto

Otros ejemplo de técnicas y herramientas en este área son:

- **Costo de la calidad**: se basa en la optimización de los costos totales de
  calidad a lo largo del ciclo de vida del producto, mediante la inversión
  en esfuerzos para evitar o reducir los fallos, resultando así en ahorros
  durante y después del proyecto.
- **Estudios comparativos**: confronta resultados con proyectos similares
  para establecer bases de medida.
- **Diseño de experimentos**: un método estadístico para definir el número
  y tipo de pruebas y sus costes asociados.
- **Muestreo estadístico**: selección de parte de los entregables para su
  inspección.
- **Otras metodologías** de gestión de la calidad como Six Sigma y Gestión
  de la Calidad Total (TQM).

En resumen, el Plan de Gestión de la Calidad describe cómo asegurar y
controlar la calidad del proyecto y proporciona un plan de mejora del
proceso que define las etapas necesarias para analizar el desarrollo del
producto y del proyecto. Las métricas de calidad – que establecen un

criterio de prueba para un entregable – también se definen en este proceso. Finalmente, se crean hojas de control con los criterios de aceptación, para asegurar que todas las etapas han sido cumplidas y efectuar una evaluación rápida de la calidad requerida según la línea base del Alcance.

8.2 Realizar el Aseguramiento de Calidad

Se trata del proceso de auditoría cuyo objeto es asegurar que los estándares de calidad y las métricas acordadas sean utilizados en los procesos de control de calidad, proporcionando los resultados esperados. Si se observan discrepancias, el proceso Realizar el Aseguramiento de Calidad generará propuestas de cambio para mejorar el proceso e incrementar la eficacia de las políticas, de los procesos y de los procedimientos de la calidad. Esto podría implicar actualizaciones, no sólo en el Plan de Gestión de la Calidad, sino también en el cronograma y en la Línea Base de Costos debido al impacto potencial de las mejoras de los procesos en el costo del proyecto y en el cronograma, junto con las actualizaciones de otros documentos del proyecto.

8.3 Controlar la Calidad

La *Guía del PMBOK®* define "Controlar la Calidad" como "... el proceso de monitorizar y registrar los resultados de la ejecución de las actividades de calidad, a fin de evaluar el desempeño y recomendar los cambios necesarios." Controlar la Calidad pone de manifiesto una baja calidad de los entregables del proyecto y sus causas, y proporcionará recomendaciones cuando y donde sea posible.

La ejecución del proceso de Controlar la Calidad se basa en el Plan de Gestión de la Calidad y en las métricas de calidad, tal como se describen en la sección 8.1. El proceso de Controlar la Calidad somete a todos los entregables del proyecto a determinadas "pruebas", las llamadas

"Mediciones de Control de Calidad". Tres posibilidades pueden resultar de estas mediciones: los entregables son validados, el trabajo debe hacerse de nuevo o se efectúan solicitudes de cambios. Una vez que los defectos han sido corregidos por parte del equipo de trabajo, los entregables en cuestión serán de nuevo revisados en detalle por el proceso de Controlar la Calidad. Este ciclo debe ser repetido hasta que el entregable haya alcanzado el estado de "entregable validado", que demuestra que la "prueba" ha dado un resultado satisfactorio.

Controlar la Calidad pondrá de manifiesto defectos (¡nadie es perfecto!). A menos que el tiempo y el dinero necesarios para corregir estos defectos se hayan previsto en la Línea Base de Costos y del Cronograma, éstos sufrirán cambios. El equipo de dirección del proyecto deberá tener un conocimiento práctico de las siete herramientas de calidad básicas antes mencionadas, además de otras técnicas utilizadas en control de calidad como muestreo estadístico e inspección.

Capítulo 9
Gestión de los Recursos Humanos del Proyecto

La Gestión de los Recursos Humanos del Proyecto se refiere a la incorporación de personas al proyecto, su retención, liderazgo y gestión. Estas personas constituyen el "equipo del proyecto". Es conveniente tener asignado y disponible un equipo de proyecto lo antes posible para poder utilizar sus conocimientos durante el proceso de planificación y así reforzar el compromiso del equipo con el proyecto.

El número de miembros del equipo puede cambiar a lo largo del proyecto, en función de las tareas que deben realizarse. Mientras los miembros del equipo son necesarios por sus conocimientos específicos relativos al proyecto, la función del director de proyectos es coordinar sus roles y responsabilidades y dirigir el equipo recurriendo a técnicas de comunicación, de organización y de políticas de trabajo. Es posible ampliar el equipo para efectuar tareas de apoyo específicas, como por ejemplo planificación, gestión de riesgos o tareas administrativas.

Es preciso distinguir entre el equipo del proyecto y el equipo de gestión del proyecto, del que es sólo una parte, con tareas de gestión, mientras que el equipo del proyecto está constituido por todas las personas que trabajan en el mismo. Un programador puede haber sido asignado a tiempo completo a un proyecto estratégico de TI, pero si no está implicado en tareas de liderazgo y gestión del proyecto, el programador no será considerado parte del equipo de gestión del proyecto, sino del equipo del proyecto.

El área de conocimiento de la Gestión de los Recursos Humanos del Proyecto incluye cuatro procesos:

1. Planificar la Gestión de Recursos Humanos,
2. Adquirir el Equipo del Proyecto,
3. Desarrollar el Equipo del Proyecto y
4. Dirigir el Equipo del Proyecto.

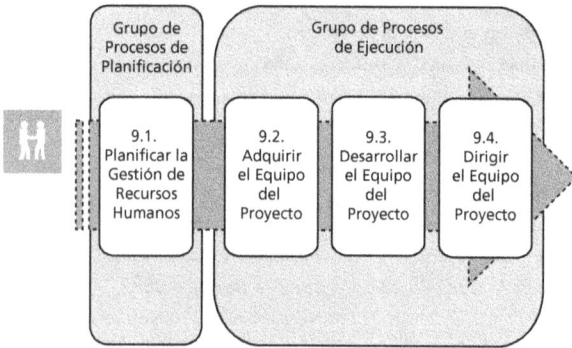

Figura 9.1 Vista general del Capítulo 9: Procesos de Gestión de los Recursos Humanos

9.1 Planificar la Gestión de Recursos Humanos

El resultado de este proceso es el Plan de Gestión de los Recursos Humanos, en el que se planifica el cómo, cuándo y con quienes debe ser dotado el proyecto. Un prerrequisito para implementar este plan es una descripción de las habilidades necesarias para cumplir con las actividades. Si las actividades no son conocidas, no se puede establecer un Plan de Gestión de los Recursos Humanos adecuado.

El Plan de Gestión de los Recursos Humanos define los siguientes componentes, según el tamaño del proyecto y la complejidad del producto o de las partes involucradas:

- funciones y responsabilidades (¡siempre!),
- habilidades requeridas,
- organigrama del proyecto,
- calendario para la adquisición de personal y su liberación,
- necesidades de capacitación (si es el caso) y estrategias de trabajo en equipo y
- elementos más específicos como regulaciones de seguridad o cuestiones culturales.

Debe ponerse especial atención en los recursos escasos como por ejemplo los expertos técnicos. No sólo es necesario describir la necesidad de tal persona como el mejor experto en determinada tecnología, disponible en junio del próximo año; también debe preverse el hecho que dicha persona pueda no estar disponible. Esta situación puede solaparse con la gestión del riesgo, pero el plan de recursos humanos debe cubrir las opciones para hacer frente a esta situación.

Una de las herramientas clásicas para documentar las funciones y responsabilidades es la matriz RAM. Esto significa, en inglés, "matriz de asignación de responsabilidades" y se utiliza para asignar responsabilidades al trabajo del proyecto, lo que puede realizarse simplemente indicando quien es responsable de qué, o usando un formato basado en matrices RACI, que es el acrónimo de: Responsible – persona responsable, Accountable – persona que rinde cuentas, Consult – persona a quien consultar e Inform – persona a quien informar. Esta matriz se utiliza para indicar las funciones específicas de cada integrante del equipo en una actividad, paquete de trabajo o entregable.

El Plan de Gestión del Personal es parte del plan de recursos humanos. Su importancia depende del proyecto, de sus interesados y del entorno de la organización. Es preferible tener una estrategia clara sobre la manera de implicar al personal, de tratarlo y, cuestión delicada, de liberarlo al final del proyecto, especialmente en lo que atañe a la disponibilidad de expertos, especialmente en proyectos descentralizados, con entornos multiculturales y organizaciones matriciales o volátiles.

	Pedro	Pablo	Maria	Juan
Actividad 1	R	A	C	I
Actividad 2			R	A
Actividad 3	R	A		
Actividad 4		A	R	I
Actividad 5	R		C	A
Actividad 6			R	A

Figura 9.2 Ejemplo de matriz RACI

9.2   Adquirir el Equipo del Proyecto

Adquirir el Equipo del Proyecto es el proceso en que se incorpora físicamente a los miembros de equipo. No es el proceso de planificación, sino la "realización" o la ejecución del proceso de planificación de los recursos humanos.

Existen varias técnicas para adquirir el equipo del proyecto: los miembros pueden ser asignados como resultado de una selección previa o el director del proyecto tiene que negociar para obtener los recursos en personal con los gerentes funcionales. Frecuentemente, los gerentes funcionales se comprometen previamente a ceder el personal necesario y sólo necesitan que se les recuerde dicho compromiso. Esta no es la única área en que el director del proyecto necesita tener habilidad de negociación y comunicación. Incluso cuando la entrega está documentada y confirmada en el plan de recursos humanos, el escenario y la situación de los interesados pueden haber cambiado. Insistir en la ejecución de un documento previamente firmado ayuda poco a cualquiera de las partes.

Si no existe personal interno disponible para las tareas requeridas, los miembros del equipo del proyecto tienen que ser adquiridos al exterior de la empresa. Independientemente del hecho que el director del proyecto esté autorizado para llevar a cabo los procesos de adquisición, éstos deberán estar definidos en el plan de recursos humanos.

La constitución de equipos virtuales es un recurso relativamente nuevo. Debido a las oportunidades que ofrecen las comunicaciones a distancia, un equipo de proyecto puede estar formado por personas que rara vez o nunca se han encontrado cara a cara. Sin embargo, se debe prestar atención a la comunicación efectiva y asegurar que los miembros del equipo tienen una concepción común del proyecto.

9.3   Desarrollar el Equipo del Proyecto

Este proceso trata de mejorar las competencias, la interacción y el ambiente general en el equipo. Es el proceso de transformación de un grupo de personas en un equipo, ya que el verdadero trabajo en equipo es un factor crítico para el éxito del proyecto. La necesidad de desarrollar un equipo de trabajo eficiente es una responsabilidad clave del director de proyectos. Para lograr el desempeño exitoso es necesario:
- utilizar una comunicación abierta y eficaz,
- establecer un clima de confianza entre los miembros del equipo,

- manejar los conflictos en forma constructiva y
- alentar la resolución de problemas y la toma de decisiones.

El desempeño del equipo puede medirse. Las evaluaciones pueden revelar correlaciones interesantes entre el desempeño y los resultados logrados por el proyecto en términos de conflictos, liderazgo, apertura, confianza, etc. Un director de proyectos no debe temer realizar evaluaciones continuas del desempeño del equipo durante el ciclo de vida del proyecto.

Un equipo de alto rendimiento se caracteriza por la importancia que acuerda a los resultados. Para mejorar el desempeño se debe recurrir a acciones de capacitación específica, como el entrenamiento y la tutoría. En consecuencia, la probabilidad de alcanzar los resultados aumenta, al mismo tiempo que otros resultados positivos aparecen, como por ejemplo:
- la mejora en las habilidades conduciendo a una mayor eficacia,
- la elevación del nivel de competencia, que ayuda a un mejor desempeño del equipo,
- la disminución de la tasa de rotación del personal y
- una mayor cohesión del grupo.

Para obtener un mejor desempeño del equipo, es necesario comprender las fases de su desarrollo. El modelo clásico descrito por Tuckman constituye una técnica adecuada. Según ese modelo, cada equipo pasa por diferentes etapas; cada una está ligada a la calidad del desempeño. El pasaje de una etapa a la otra no se efectúa en un solo sentido: un equipo puede quedar bloqueado en una etapa o retroceder. No obstante, los equipos bien integrados tienden a saltar etapas o a superar las dificultades de ciertas etapas.

Tuckman define cinco etapas:
1. **Formación**: el equipo se reúne y se informa acerca del proyecto y de sus roles y responsabilidades formales. En esta fase hay un gran respeto

en el grupo y un gran margen de seguridad, pero el equipo todavía no tiene un alto desempeño.

2. **Turbulencia**: el margen de seguridad tiende a ser reducido por los miembros del equipo. Las causas son diversas, pero se las atribuye generalmente a diferencias de personalidad, de habilidades y de experiencia. Como resultado, el desempeño disminuye y los conflictos pueden aumentar.

3. **Normalización**: las personalidades y los hábitos de trabajo se ajustan. Las reglas básicas son establecidas y afinadas. Los miembros del equipo comienzan a confiar entre ellos. Si la "normalización" no se efectúa adecuadamente, la fase de "turbulencia" puede volver y contaminar todo el grupo.

4. **Desempeño**: el trabajo se hace eficientemente. El desempeño del equipo está en un nivel óptimo. A cualquier equipo le gustaría estar en esta fase. No obstante, no hay acceso directo a ella; las etapas anteriores son inevitables.

5. **Disolución**: el trabajo es completado y el equipo se desliga del proyecto.

Se debe prestar especial atención a la transición entre "turbulencia" y "normalización". Experiencias documentadas muestran que un salto directo a "desempeño" es casi imposible. Los equipos eficaces también atraviesan "turbulencia y normalización", pero mucho más rápido. Entonces la pregunta no es ¿cómo evitar la turbulencia? sino ¿cuán rápido podemos comenzar con la normalización?

9.4   Dirigir el Equipo del Proyecto

Una vez formado, el equipo del proyecto debe ser dirigido en términos de desempeño y de resolución de conflictos. Este proceso requiere diversas habilidades de gestión, especialmente en materia de comunicación, conflictos, negociación y liderazgo. La atribución de objetivos ambiciosos a los miembros del proyecto y el reconocimiento cuando se logran los resultados deseados también hacen parte de las funciones del equipo de dirección. En consecuencia, el equipo del proyecto, bien dirigido, podrá hacer frente a los avatares del proyecto.

Entre las técnicas clásicas para dirigir equipos de proyecto cabe citar:

- **Observación y capacidad de dialogar**. Nadie puede dirigir un equipo sin estar cerca de sus miembros, lo cual no significa necesariamente proximidad geográfica, ya que se puede trabajar con un equipo cuyos miembros están dispersos pero estrechamente vinculados al trabajo del proyecto.
- **Las evaluaciones del desempeño**, que ayudan a identificar problemas desconocidos o sin resolver.
- **Gestión de conflictos**. Si el conflicto es inevitable en un proyecto, cabe preguntarse ¿cómo manejarlos correctamente? y no ¿cómo evitarlos? Cuanto mejor sea la técnica de resolución de conflictos, mejores serán los resultados del proyecto. Los conflictos deben ser abordados con diferentes técnicas; cada una de ellas es apropiada a una situación dada, a las características culturales, a los objetivos. Las técnicas comúnmente utilizadas incluyen: retirarse o eludir, mitigar, adaptarse, consensuar, conciliar, forzar, dirigir, colaborar o resolver problemas.
- **Las habilidades interpersonales**, necesarias para analizar las situaciones e interactuar apropiadamente. Existe una amplia gama de habilidades interpersonales para dirigir el equipo del proyecto. El uso adecuado de las habilidades que citamos a continuación, ayuda al director del proyecto a alcanzar las metas y objetivos del proyecto:
  - liderazgo,
  - formación de equipos,
  - motivación,
  - comunicación,
  - influencia,
  - toma de decisiones,

- conciencia política y cultural,
- negociación.

En conclusión, la aplicación correcta de los procesos de gestión de recursos humanos aumenta la probabilidad de contar con las personas adecuadas. El paso siguiente consiste en llevar el equipo a una situación en que el director del proyecto pueda permitirse un estilo más flexible, asegurando un buen clima en un equipo que demuestra un excelente desempeño. No se debe olvidar que el trabajo de proyectos no es una tarea rutinaria, sino que exige compromiso e impulsión de la parte de las personas que participan en él.

Perspectiva de la Alta Dirección
La alta dirección y los directores de operaciones juegan un rol importante, equilibrando continuamente las necesidades de recursos del proyecto con las de la organización funcional, estableciendo claramente las prioridades. Una cultura donde el trabajo del proyecto se ve como "algo que hay que hacer después del trabajo real", "cuando queda tiempo" disminuye rápidamente el compromiso de los miembros del equipo del proyecto y hace impredecible la disponibilidad de los recursos.

Perspectiva del Director de Proyectos
Los directores de proyectos, junto con los miembros del equipo del proyecto, deben reforzar la comunicación preventiva de los compromisos asumidos y de los resultados entregados en consecuencia. Ahí se sitúan los desafíos, más frecuentemente que en una organización funcional, ya que los proyectos tienen mucha más incertidumbre. Acusar a los demás no ayuda a resolver los problemas. La cooperación y la búsqueda de soluciones en conjunto son actitudes esenciales para que los equipos se esfuercen en mantener un máximo desempeño.

Capítulo 10
Gestión de las Comunicaciones del Proyecto

Las comunicaciones eficaces aumentan las posibilidades de éxito del proyecto, porque tejen lazos entre los interesados que permiten crear coaliciones y alianzas, poner en relación diferentes culturas, ambientes organizativos, experiencias e intereses variados en la ejecución del proyecto o en su resultado. La principal tarea de los directores de proyecto consiste en facilitar la comunicación, especialmente entre interesados. ¡Y desde el primer día del proyecto!

La Gestión de las Comunicaciones del Proyecto define los procesos necesarios para asegurar un intercambio oportuno y apropiado de la información del proyecto.

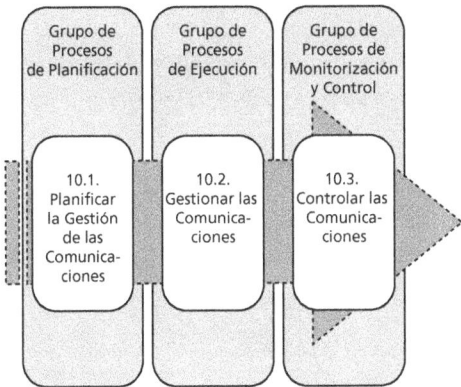

Figura 10.1 Vista general del Capítulo 10: Procesos de Gestión de las Comunicaciones

El área de conocimiento de la Gestión de las Comunicaciones del Proyecto tiene tres procesos:

1. Planificar la Gestión de las Comunicaciones,
2. Gestionar las Comunicaciones y
3. Controlar las Comunicaciones.

10.1 Planificar la Gestión de las Comunicaciones

¿Quién necesita qué tipo de información, cuándo la necesita, cómo la recibirá y quién la entregará? La respuesta a todas estas preguntas se halla en el Plan de Gestión de las Comunicaciones, que es el resultado de este proceso.

No es suficiente enviar el informe mensual con el formato estándar. Las comunicaciones tienen que ser consensuales y planificadas en función de las necesidades de los interesados. Si, por ejemplo, el responsable financiero de la empresa es uno de los principales interesados del proyecto, debido a una financiación compleja, él apreciará un informe financiero específico y conciso. En cambio, un informe destinado al departamento de ingeniería, deberá ser totalmente diferente, puesto que los ingenieros se interesan más por los diseños del producto que por las cuestiones financieras.

Un Plan de Gestión de las Comunicaciones define:

- los requisitos de comunicación de los distintos interesados,
- las informaciones que deben ser distribuidas, incluyendo idioma, formato, contenidos y nivel de detalle,
- los plazos y la frecuencia,
- la persona responsable,
- los métodos utilizados para el envío de información, p.ej. memorándum, correo electrónico o publicación en prensa y

- la definición del proceso interno de comunicación para cosas tales como el escalado, los métodos de actualización, el flujo de información, las guías, las plantillas de informes para las reuniones, etc.

Los interesados de un proyecto de reacondicionamiento de una planta nuclear serán, obviamente, distintos de los de un proyecto de actualización de versiones de software. El plan de comunicación es una herramienta esencial para una estrategia clara de comunicación. Entre los factores que pueden afectan a la comunicación cabe citar:

- la urgencia de la comunicación requerida,
- la tecnología disponible,
- el conocimiento por los miembros del proyecto de las herramientas de comunicación,
- la duración del proyecto y
- los factores ambientales, como por ejemplo los equipos virtuales.

Un principio básico de comunicación es el modelo "emisor-receptor". La información enviada por el emisor hacia el receptor tiene que ser codificada (los pensamientos e ideas se materializan en un idioma) formando un mensaje. El mensaje, resultado de la codificación, es enviado a la otra parte utilizando un medio (el método usado para transmitir el mensaje). El receptor decodifica el mensaje transformándolo en ideas significativas, véase figura 10.2.

En las etapas que debe recorrer del mensaje –codificación, transmisión y decodificación– pueden producirse ruidos o alteraciones que no son exclusivamente debidas al envío físico del mensaje, sino también a los algoritmos utilizados para la codificación y la decodificación, que pueden sufrir influencias de orden cultural, educativo, idiomático o sociológico.

En el proceso de comunicación, el emisor es responsable del envío de un mensaje claro y completo, y debe verificar que ha sido comprendido, pidiendo retroalimentación. Al receptor incumbe confirmar que la información ha sido recibida y comprendida correctamente y debe significar su acuerdo, dando retroalimentación.

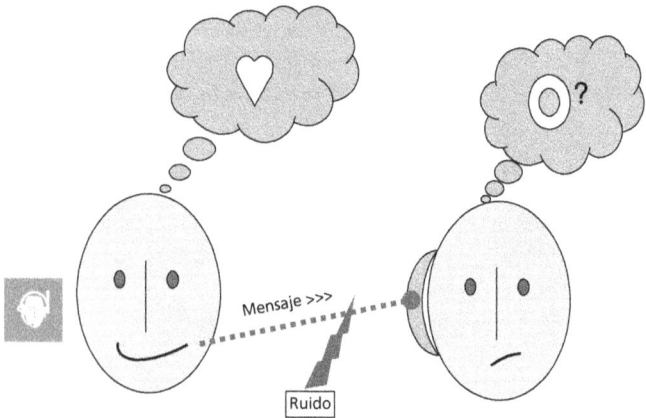

Figura 10.2 Modelo emisor-receptor

10.2 Gestionar las Comunicaciones

Las comunicaciones se han planificado en el proceso anterior. El proceso actual trata de la distribución apropiada de la información a los distintos interesados. No se limita a ejecutar el plan de comunicación y a responder a las necesidades de comunicación de los interesados, sino que debe también responder a necesidades de información imprevistas.

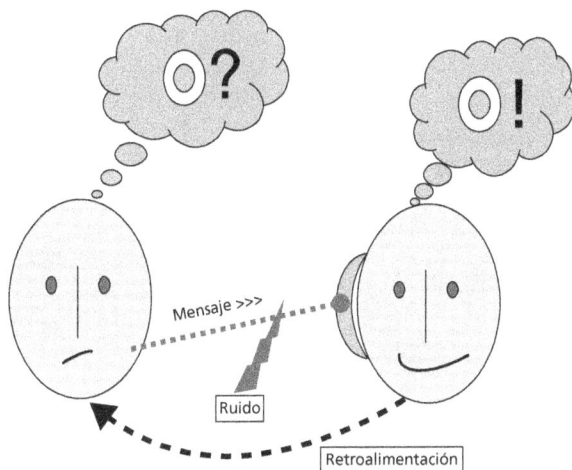

Figura 10.3 La retroalimentación es parte del proceso de comunicación

Para distribuir la información, existe una gran variedad de herramientas, empezando por la comunicación electrónica (e-mail, fax, buzón de voz, teléfono, video, videoconferencias), siguiendo con la distribución de documentos en papel (p. ej. comunicados de prensa) y finalmente, herramientas especializadas en la dirección de proyectos (interfaces web con software de gestión de proyectos, software de soporte para oficinas virtuales, portales y herramientas de gestión del trabajo colaborativo).

La distribución de información no se limita exclusivamente al envío, puesto que ésta también puede efectuarse mediante presentaciones cuyas técnicas deben ser consideradas como un útil muy valioso. Un estilo profesional de escritura, técnicas eficaces para la realización de reuniones y la selección de medios de comunicación apropiados son igualmente importantes.

La información distribuida se puede clasificar en seis tipos:
- las notificaciones a los interesados sobre incidentes resueltos, cambios aprobados y sobre el estado general del proyecto,
- los informes del proyecto, formales o informales,
- las presentaciones del proyecto a diferentes grupos de interesados, de diversa duración y complejidad,
- los registros del proyecto: memorandos, correspondencia, actas de las reuniones, y también la documentación (a veces de carácter legal) sobre el progreso del proyecto y el registro de los fundamentos de las decisiones,
- la retroalimentación para mejorar el desempeño futuro del proyecto, recibida de interesados designados y
- la documentación de lecciones aprendidas que formará parte de la base de datos históricos que ayudará a mejorar el desempeño futuro.

El informe de desempeño constituye una forma especial de comunicación. Es un informe de situación simple, con señales de alarma que pueden revelar divergencias posibles.

Otros informes más elaborados pueden incluir:
- paneles de control de estado de cada área,
- sistemas de cuadros de mando,
- análisis de resultados anteriores,
- estado actual de riesgos y problemas,
- trabajo completado y su porcentaje respecto a la tarea total,
- situación de los cambios y las estadísticas y
- toda otra información relevante que deba ser reportada.

Un informe completo de situación cubre el pasado ("¿cómo ha ido hasta ahora?"), el presente ("¿cuál es la situación actual?") y el futuro ("este es el pronóstico de los objetivos"). Teniendo en cuenta las preferencias de los interesados, una atención especial es necesaria para decidir cuál de los tres elementos es el más importante.

10.3 Controlar las Comunicaciones

Una vez que las comunicaciones se han planificado y distribuido, los elementos de comunicación deben ser controlados para asegurar que satisfacen las necesidades de información de los interesados del proyecto. La principal ventaja de este proceso es asegurar un flujo óptimo de información.

Capítulo 11
Gestión de los Riesgos del Proyecto

Los proyectos son, por definición, una empresa "arriesgada", porque hay que tratar con situaciones desconocidas. Con el fin de evitar que cada proyecto se convierta en un "juego de azar", la Gestión de los Riesgos del Proyecto sirve para controlar los riesgos que son las incertidumbres futuras que pueden afectar a los resultados del proyecto en bien o en mal. Los riesgos de proyecto no son riesgos de negocio o riesgos relacionados con la marcha de una empresa. Un proyecto puede generar esos tipos de riesgo, pero los riesgos de proyecto se gestionan desde una perspectiva diferente.

Los riesgos son incertidumbres relevantes, de las que el director del equipo del proyecto debe hacerse cargo, identificándolas, analizando su impacto, elaborando respuestas en caso necesario, monitorizando y controlando sus efectos. Si el equipo de gestión del proyecto no tiene en cuenta la gestión de los riesgos, encontrará constantemente problemas y perderá oportunidades. La gestión de los riesgos trata de minimizar el impacto de factores que pueden amenazar a los resultados del proyecto, como retrasos, mayor costo, o entregas de inferior calidad. Por otra parte, la gestión de los riesgos también debe maximizar el impacto de las oportunidades potenciales, como los factores que contribuyen a alcanzar más rápido los resultados del proyecto, con menor costo y mayor calidad. Todo esto tiene que ser promovido de manera activa.

El área de conocimiento de la Gestión de los Riesgos del Proyecto comprende seis procesos:
1. Planificar la Gestión de Riesgos,
2. Identificar los Riesgos,

3. Realizar el Análisis Cualitativo de Riesgos,

4. Realizar el Análisis Cuantitativo de Riesgos,

5. Planificar la Respuesta a los Riesgos y

6. Controlar los Riesgos.

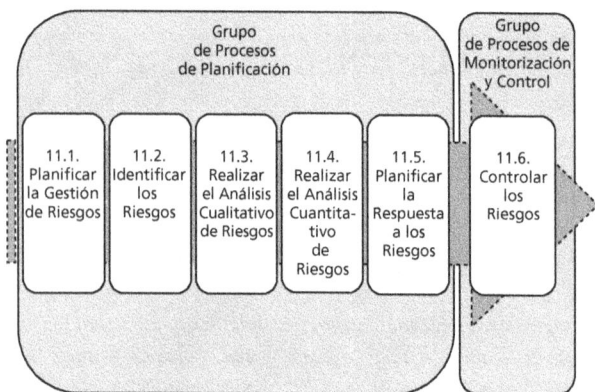

Figura 11.1 Vista general del Capítulo 11: Procesos de Gestión de Riesgos

Los procesos de gestión de riesgos son inútiles si se ejecutan una sola vez, por ejemplo al inicio del proyecto. Una evaluación constante es necesaria para recoger los beneficios de la gestión de los riesgos.

11.1 Planificar la Gestión de Riesgos

En este proceso se elabora el Plan de Gestión de los Riesgos, que no contiene ningún riesgo, determina cómo el equipo del proyecto llevará a cabo la gestión de riesgos durante el proyecto. Tiene que ser claro y sin ambigüedades; deben definirse todos los detalles relacionados con los riesgos: herramientas, técnicas y preferencias de los interesados en esta configuración de proyecto en particular. Si se usa una metodología detallada para gestionar los riesgos, el Plan de Gestión puede ser breve y limitarse a definir las particularidades del proyecto ("Nos reuniremos todos los miércoles en la habitación 345, 3ª planta"). Si, en cambio, la metodología para gestionar el riesgo de la organización ejecutora es inmadura y poco desarrollada, el Plan de Gestión de los Riesgos tenderá a ser más voluminoso.

Los siguientes elementos deben ser definidos:

- **Metodología**. ¿Cuales son el enfoque, las herramientas y las fuentes de datos que se utilizarán para llevar a cabo la gestión de riesgos?
- **Roles y responsabilidades**. ¿Quién hará qué en la gestión de los riesgos? Se trata de definiciones suficientemente importantes como para hacerlas por adelantado. Cuando se manejan situaciones de emergencia, las funciones y las responsabilidades deben ser claras.
- **Presupuesto.** ¿Cómo están presupuestados los riesgos a lo largo del proyecto? ¿Está diferenciado el enfoque en el presupuesto para riesgos cuantificados, para riesgos cualificados y para riesgos desconocidos? ¿Cuál es su repercusión en el presupuesto en cuanto a reservas para contingencias?
- **Calendario.** ¿Cuál será la frecuencia de ejecución del proceso de gestión de riesgos durante el ciclo de vida del proyecto y cómo están incorporadas las actividades de gestión de riesgos en el cronograma general del proyecto?
- **Las categorías de riesgo**. ¿Hay categorías de riesgos predefinidas, p.ej. fuentes de riesgos que pueden estar vinculadas a riesgos identificados o incluso ayudar a identificar riesgos nuevos? Una herramienta importante para definir las categorías de los riesgos es una estructura de desglose de riesgos (RBS), que es una forma de estructurar las causas potenciales de riesgo. Los riesgos del proyecto no se incluyen en la RBS.
- **Definiciones de la probabilidad e impacto de los riesgos**. Permite que todos los interesados del proyecto tengan una interpretación común de la descripción específica de los riesgos. Por ejemplo, si un riesgo se

califica como "medio" y no hay ninguna definición previa, podría haber diez interpretaciones distintas para los diez miembros del equipo.

- **Matriz de probabilidad e impacto**: ¿Cómo se representará la exposición al riesgo del proyecto y en qué formato?
- **Revisión de la tolerancia de los interesados.** Si hay necesidad de revisar la tolerancia al riesgo por parte de los interesados, debe documentarse aquí.
- **Formato de los informes.** ¿Cómo se informará de la situación de riesgos y en qué formato?
- **Seguimiento.** ¿Cómo se registrarán las actividades de gestión de riesgos para beneficio del proyecto en curso.

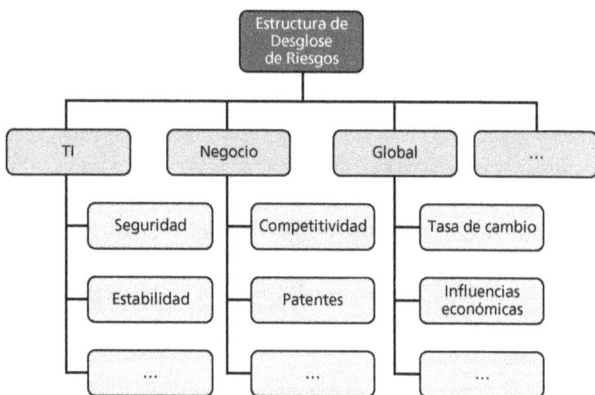

Figura 11.2 Ejemplo de una Estructura de Desglose de Riesgos (RBS)

11.2 Identificar los Riesgos

Es el proceso utilizado para determinar qué riesgos pueden afectar a los objetivos del proyecto. Consiste en determinar el riesgo, documentarlo y describir su impacto en caso de que ocurra. Los resultados se compilan usando una herramienta denominada "Registro de Riesgos".

Al finalizar el proceso, se dispone de un registro de riesgos nuevo o actualizado. El equipo del proyecto debe concentrarse en la descripción correcta del riesgo y en su sintaxis, porque no tiene sentido responder a riesgos que no se han descrito correctamente. Los riesgos son incertidumbres relacionadas con los resultados del proyecto. Si un riesgo no tiene efecto sobre los objetivos, ¡entonces no es un riesgo!

Ejemplo

Una entrada en el registro de riesgos dice "el tráfico es un riesgo". Esto no es correcto, ya que el tráfico no es un riesgo de por sí. Sin embargo, puede convertirse en una fuente de riesgo. Una sintaxis correcta diría algo así como:

"A causa de la gran cantidad de tráfico en las horas de la mañana (hecho), es probable que acabe en un atasco y pierda el avión, lo que tendría como resultado que no podría demostrar el nuevo modelo XYZ al cliente (incertidumbre) con el efecto de que no cumpliré mis objetivos de venta (impacto en objetivos)".

Si los riesgos se describen correctamente, se puede empezar a gestionarlos.

Para identificar los riesgos se toma como base la documentación del proyecto, la experiencia pasada y la tecnología empleada. No hay que concentrarse únicamente en los riesgos técnicos (de producto) sino también en los riesgos de proceso (proyecto).

La identificación en sí puede hacerse mediante diferentes técnicas:

- **Tormenta de ideas**. El enfoque más común a la hora de recopilar riesgos.
- **Técnica Delphi**. A diferencia de la tormenta de ideas, los expertos son entrevistados independiente y anónimamente en varias iteraciones. La técnica Delphi se usa para evitar influencias personales.
- **Entrevistas**. Preguntar a los expertos.
- **Análisis de causa raíz**. Técnica usada para desarrollar acciones preventivas con respecto a problemas conocidos.

La herramienta más usada para elaborar un registro de riesgos es un software de hoja de cálculo como Microsoft Excel o similar, donde todas las actividades subsiguientes pueden almacenarse en la misma hoja.

11.3 Realizar el Análisis Cualitativo de Riesgos

Un análisis cualitativo es una evaluación de los riesgos identificados para establecer las prioridades y efectuar un mejor análisis. Puede hacerse rápidamente y permite obtener una buena visión de la exposición al riesgo. Al combinar la probabilidad de ocurrencia de un riesgo con el impacto sobre los objetivos, se configura una matriz denominada "matriz de probabilidad e impacto".

La figura 11.3 muestra el tipo de matriz que puede crearse. En la parte izquierda de la matriz figura toda la graduación, desde las amenazas (riesgos negativos) hasta las oportunidades (riesgos positivos).

La principal ventaja de este proceso es que su elaboración no insume mucho tiempo. El inconveniente es la falta de cuantificación: no se sabe qué significa realmente "alto" ni el verdadero impacto de algo al que se le atribuye un "alto impacto". Así, antes de realizar este análisis, el equipo debería definir ciertos umbrales, por ejemplo: un alto impacto en tiempo

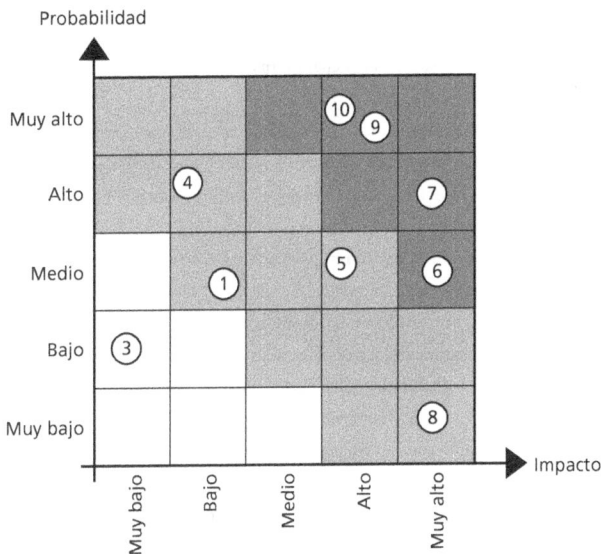

Figura 11.3 Ejemplo de matriz de probabilidad e impacto

significa "más de un mes". No hay que confundir "análisis cualitativo de riesgos" con el riesgo de la calidad. Calidad y riesgo son dos cosas distintas e independientes entre sí.

11.4 Realizar el Análisis Cuantitativo de Riesgos

En este proceso se analizan numéricamente algunos riesgos, generalmente los más grandes, positivos o negativos. Por ejemplo, en vez de caracterizar la probabilidad como "pequeña" y el impacto "alto", se trata de definir valores concretos como una probabilidad del 5% y un impacto de 34.000$. Determinar o tratar de determinar con cifras da más trabajo.

La disponibilidad de tiempo y de presupuesto, junto con la necesidad de cifras, determinarán si el análisis cuantitativo será ejecutado.

Las técnicas para desarrollar el análisis cuantitativo de riesgos son:

- **Entrevistas y tormenta de ideas**: es la mayor fuente de datos cuantitativos, solamente usando papel y lápiz, información histórica y experiencias pasadas de expertos en la materia.
- **Probabilidad y distribuciones**: probabilidades de distribución continua, usadas extensivamente en modelado y simulación para representar la incertidumbre en los valores como duraciones de actividades programadas y costos de componentes de proyectos.
- **Análisis de sensibilidad**: trata de determinar la influencia de una variable en un entorno multi-variable.
- **Análisis de valor monetario esperado**: una técnica para combinar diferentes valores y probabilidades en un valor monetario esperado. Si se compra un boleto de lotería por 10$ y si la probabilidad de ganar el premio superior a 1.000$ es de 5%, el valor monetario esperado es 5%*1.000$ menos la inversión de 10$, o sea 40$. El valor monetario esperado es artificial, ya que la ganancia sería de 1.000$, nada, pero es interesante determinar un valor basado en la probabilidad.
- **Simulación de Monte Carlo**: es la mejor forma para determinar las incertidumbres de programación y la influencia de las distribuciones de probabilidad en un cronograma de proyecto.

11.5   Planificar la Respuesta a los Riesgos

Una vez que los riesgos son identificados y analizados, hay que determinar una estrategia para gestionar aquéllos consignados en el registro de riesgos. Las respuestas son acciones que se toman por anticipación.

Hay cuatro respuestas posibles a las amenazas y a las oportunidades:

- **Evitar.** Significa anular la probabilidad o el impacto. Si la probabilidad se anula, el riesgo no ocurrirá, mientras que si se anula el impacto, el riesgo podría ocurrir pero no tendría impacto sobre los objetivos. Se usa a menudo cuando la probabilidad y el impacto son altos.
- **Mitigar**. Reduce la probabilidad o el impacto, pero no se anulan. La probabilidad de ocurrencia es menor, pero el riesgo todavía existe.
- **Transferir**. Transfiere el riesgo, la oportunidad pasa a un tercero.
- **Aceptar**. El riesgo es identificado, analizado y aceptado pero no se toman acciones para reducir la probabilidad o el impacto.

Las estrategias para las oportunidades son:

- **Explotar.** Si la organización quiere hacer que la oportunidad ocurra.
- **Compartir**. Como en el caso de "transferir", el riesgo pasa a un tercero que es más capaz de capturar la oportunidad o el beneficio.
- **Mejorar**. Aumenta la probabilidad o el impacto.
- **Aceptar** La oportunidad es identificada, analizada y aceptada, pero no se tomarán acciones para aumentar la probabilidad o el impacto.

11.6 Controlar los Riesgos

El último proceso en esta cadena es la "gestión de riesgos", puesto que todos los procesos previos son necesarios para comenzar con él. Los planes de respuesta a los riesgos son implementados. Se realizará un seguimiento de los riesgos identificados y los riesgos residuales serán monitorizados; los nuevos riesgos serán identificados y se intentará mejorar el proceso de gestión de riesgos en sí. Adicionalmente, se eligen estrategias alternativas; se ejecutan planes de contingencia o de recuperación; se toman acciones correctivas y se modifica el Plan para la Dirección del Proyecto.

Capítulo 12
Gestión de las Adquisiciones del Proyecto

La mayoría de los proyectos necesitan productos, servicios o recursos fuera del equipo del proyecto; por lo tanto, surge la necesidad de adquirirlos. El papel de proveedores y socios es cada vez más relevante, tanto para asegurar precios más competitivos como para afrontar la creciente complejidad de los proyectos, que a menudo implica contar con especialistas "no disponibles internamente". En conclusión, un contrato sencillo de precio fijo no es el mejor punto de partida para efectuar acuerdos complejos donde el contrato se concreta a medida que avanza el proyecto. La creatividad del proveedor es necesaria para obtener el mejor resultado en un plazo determinado, con un presupuesto dado entre otras restricciones.

Para abordar eficazmente estas situaciones, se debe aplicar la Gestión de las Adquisiciones del Proyecto, que consta de cuatro procesos:

1. **Planificar la Gestión de las Adquisiciones del Proyecto**: documentar las decisiones de las adquisiciones, especificar el enfoque e identificar a los proveedores potenciales.
2. **Efectuar las Adquisiciones**: evaluar las respuestas de los proveedores, seleccionar un proveedor y firmar el contrato.
3. **Controlar las Adquisiciones**: gestionar la relación con el proveedor, monitorizar la ejecución del contrato y efectuar correcciones en caso necesario.
4. **Cerrar las Adquisiciones**: finalizar el ciclo de vida del contrato para cada elemento adquirido.

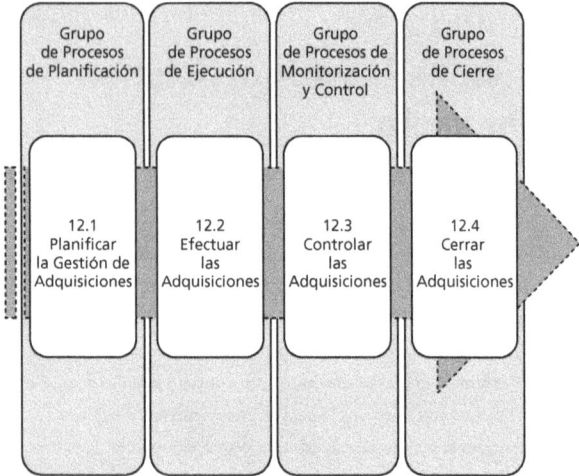

Grupo de Procesos de Planificación	Grupo de Procesos de Ejecución	Grupo de Procesos de Monitorización y Control	Grupo de Procesos de Cierre
12.1 Planificar la Gestión de Adquisiciones	12.2 Efectuar las Adquisiciones	12.3 Controlar las Adquisiciones	12.4 Cerrar las Adquisiciones

Figura 12.1 Vista general del Capítulo 12: Procesos de Gestión de las Adquisiciones

Dado que la adquisición de un producto o servicio está asociado a un acuerdo legal entre el comprador y el proveedor, se recomienda formalizar dicho acuerdo en un contrato formal.

La mayoría de las organizaciones disponen de políticas y procedimientos para realizar sus adquisiciones, que establecen las reglas para la adquisición de un producto o servicio. En muchos casos, es necesario recurrir a profesionales de compras de la organización, para asegurar que el proceso de adquisición se realiza de acuerdo con las políticas y procesos de la organización.

El proceso de adquisición gestiona el ciclo de vida del contrato. La decisión de comprar el resultado del proyecto (o de una parte de éste) en lugar de producirlo, puede ser tomada mediante una evaluación del riesgo o por una restricción presupuestaria o de tiempo. Si, por ejemplo, la producción

interna de une parte del proyecto comporta el riesgo de no alcanzar el
resultado, la compra podría mitigar el riesgo. Cada elemento que se
debe adquirir seguirá los cuatro pasos apuntados previamente, desde la
planificación hasta el cierre.

Los vendedores son también llamados contratistas, subcontratistas,
proveedores, proveedores de servicios o distribuidores. Un comprador
puede ser cliente, contratista principal, contratista, organización
compradora, agencia gubernamental, solicitante de servicios o simplemente
comprador. La posición del vendedor durante el ciclo de vida del contrato
puede variar desde licitador hasta proveedor.

Para los objetivos de este capítulo se ha supuesto que el comprador forma
parte del equipo de proyecto, que necesita adquirir elementos para el
mismo, mientras que el proveedor es externo al equipo. Se supone que
ambos, comprador y proveedor, tienen una relación contractual que es
necesario gestionar.

12.1 Planificar la Gestión de Adquisiciones del Proyecto

Es el proceso que consiste en documentar las decisiones de adquisición,
especificar la estrategia de compra e identificar a proveedores potenciales
de los bienes y servicios requeridos. Primero hay que decidir si "se hace o
se compra", qué partes del proyecto deberán ser adquiridas externamente
y qué partes serán producidas por el equipo del proyecto. El proceso
de planificación no sólo se concentra en el "qué, cómo y cuándo"
de las adquisiciones, sino también en la identificación de vendedores
potenciales.

La planificación de las adquisiciones se basa principalmente en las siguientes entradas:

- la línea base del alcance,
- los requerimientos del proyecto,
- la estimación de costos y
- el cronograma del proyecto.

Estos cuatro elementos definen los límites del proyecto e influyen, y serán influenciados por la decisión de "hacer o comprar". Entre las otras entradas figuran el Registro de Riesgos, el Registro de los Interesados, los Factores Ambientales de la Empresa y los Activos de los Procesos de la Organización.

La decisión de "hacer o comprar" debe ser justificada por un análisis circunstanciado que evalúe las capacidades, las limitaciones de presupuesto y de tiempo y los riesgos, con el fin de responder a la pregunta: "¿Lo hacemos nosotros o compramos la solución?" La compra de productos o servicios para un proyecto implica considerar los aspectos técnicos, legales y comerciales. La participación de un especialista en adquisiciones de la organización puede ser valiosa.

Existen muchas variantes de contratos a partir de tres tipos básicos:

- contratos de precio fijo,
- contratos de costos reembolsables y
- contratos por tiempo y materiales.

En ellos se define la distribución del riesgo financiero entre comprador y vendedor. La selección del tipo de contrato debe servir a los intereses del proyecto; un contrato de precio fijo no es necesariamente el más adecuado.

El proceso de Planificar la Gestión de las Adquisiciones genera las siguientes salidas:

- **El Plan de Gestión de las Adquisiciones**: describe la forma en la que el proceso de adquisiciones del proyecto plantea tres cuestiones: i) los tipos de contratos que serán utilizados, ii) el manejo de las decisiones de "hacer o comprar", iii) la aplicación de las políticas y procedimientos de las adquisiciones, las métricas que hay que utilizar.
- **Los enunciados del trabajo relativo a adquisiciones**: describe el artículo que se planea adquirir: especificaciones, cantidades requeridas, niveles de calidad, tiempos de entrega.
- **Las decisiones de hacer o comprar** documentadas.
- **Los documentos de la adquisición**: las solicitudes de información (RFI), de propuesta (RFP) y de cotización (RFQ).
- **Los criterios de selección de proveedores**: los criterios para evaluar o calificar la propuesta de los vendedores.

12.2 Efectuar las Adquisiciones

Para efectuar las Adquisiciones hay que obtener las respuestas de proveedores potenciales, seleccionar el proveedor preferido y finalmente firmar el contrato con el proveedor elegido. El equipo evaluará las propuestas de los proveedores interesados, basándose en los entregables del Plan de Gestión de Adquisiciones y finalmente seleccionará un proveedor. Llegará a un acuerdo por medio de la adjudicación del contrato a dicho proveedor.

Un contrato consta de los siguientes componentes:
- el enunciado del trabajo,
- los tiempos de entrega,
- los informes de progreso,
- las partes contratantes y sus roles y responsabilidades,
- la ubicación del trabajo,

- los precios y términos de pago,
- el lugar de entrega,
- la inspección y los criterios de aceptación,
- la garantía y el soporte de producto,
- los límites de responsabilidad,
- el tratamiento de solicitudes de cambios,
- la cláusula de finalización y los mecanismos de resolución alternativa de disputas.

El proceso de adquisiciones puede ser largo y generalmente requiere un esfuerzo considerable por parte del equipo del proyecto y del equipo de adquisiciones. Cuanto más complejo y costoso es el producto o servicio, más tiempo y esfuerzo tomará adjudicar el contrato. La conclusión de las negociaciones puede tomar tiempo. Algunos de los temas que deben ser tratados son las responsabilidades, los cambios de autoridad, los términos y condiciones, la legislación aplicable, los derechos de propiedad, el calendario de pagos, y por último, pero no menos importante, el precio. Llegar a un acuerdo final puede conducir a la actualización de varios componentes del Plan de Dirección del Proyecto, como el costo, el cronograma, la Línea de Base del alcance, y el Plan de Gestión de las Adquisiciones. Como resultado de las condiciones acordadas en el contrato, también pueden ser necesarias las actualizaciones de la documentación de requisitos.

12.3 Controlar las Adquisiciones

Una vez que el contrato ha sido firmado y la ejecución comenzada, el equipo del proyecto necesita:
- gestionar las relaciones de adquisición,
- monitorizar el desempeño del contrato,
- hacer ajustes, si es necesario.

Estas actividades son conocidas como el proceso de Control ar las Adquisiciones, que incluye la integración de los procesos apropiados de la dirección de proyectos como:

- Dirigir y Gestionar el Trabajo del Proyecto, Efectuar el Control Integrado de Cambios y Monitorizar y Controlar el Trabajo del Proyecto (véase Capítulo 4),
- Controlar las Comunicaciones (véase Capítulo 10),
- Controlar la Calidad (véase Capítulo 8),
- Controlar los Riesgos (véase Capítulo 11).

Una vez que se comprometen los pagos al vendedor, se activan los componentes financieros del proceso. Es necesario hacer un análisis cuidadoso y preciso para sincronizar el avance del proyecto y los pagos al vendedor. Huelga decir que, para evitar discrepancias, el contrato debe expresar metas claras e inequívocas que permitan la medición del avance.

El vendedor debe respetar el contrato. En caso contrario, se puede considerar la aplicación de cambios al mismo o su terminación. Esas situaciones deben ser contempladas en el contrato y, si se necesita un cambio en el contrato para que éste sea propiamente aplicado, se deberá aplicar el proceso de tratamiento de cambios y las herramientas de control necesarias.

La evaluación de la entrega del vendedor puede hacerse mediante una revisión estructurada, una inspección o una auditoría. A veces un simple informe de desempeño es suficiente, pero depende de la complejidad del producto o del servicio contratado.

Finalmente, el proceso Controlar las Adquisiciones conducirá a las siguientes actualizaciones del plan de dirección del proyecto:

- Las actualizaciones del plan de adquisiciones en casos en que las solicitudes de cambios impacten al proceso de adquisiciones, costos y/o cronograma del proyecto.

- Las actualizaciones de la línea base del cronograma en casos en que los retrasos influyan en el desempeño general del proyecto.

12.4 Cerrar las Adquisiciones

Todas las adquisiciones deben ser completadas y cerradas, lo que incluye completar reclamaciones abiertas y actualizar registros con los resultados finales, archivándolos para proyectos futuros. El contrato puede especificar las condiciones de su cierre. Generalmente, las reclamaciones abiertas y los contratos terminados anticipadamente requieren especial atención, ya que pueden exigir negociaciones adicionales entre el comprador y el vendedor para llegar a un acuerdo. Las negociaciones adicionales para resolver todas las reclamaciones, disputas y problemas son llamadas acuerdos de resolución.

Para que una adquisición sea cerrada, el vendedor firma un documento en el que reconoce que el contrato fue completado. Los documentos de cierre del contrato deben ser archivados como parte de la documentación de adquisiciones. Las lecciones aprendidas y las mejoras sugeridas también deben ser documentadas para que sirvan de experiencia en proyectos futuros. Una revisión de todos los procesos de administración de adquisiciones (una auditoría de adquisiciones) puede contribuir sustancialmente a mejorar las adquisiciones en proyectos futuros.

Capítulo 13
Gestión de los Interesados del Proyecto

Esta área de conocimiento incluye todos los pasos necesarios para identificar a las personas, grupos u organizaciones que pueden afectar o ser afectados por el proyecto. Se analizan las expectativas de los interesados y su impacto en el proyecto, la afectación de los interesados y sus necesidades, y se desarrollan las estrategias adecuadas de gestión para involucrar a los interesados y establecer una comunicación eficaz con ellos durante el ciclo de vida del proyecto.

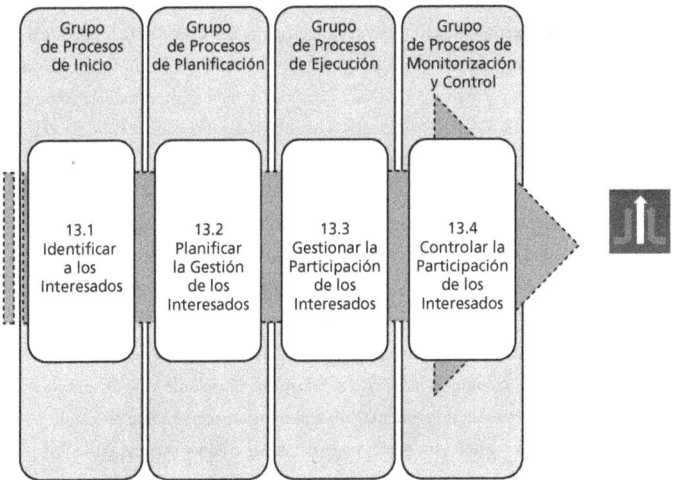

Grupo de Procesos de Inicio	Grupo de Procesos de Planificación	Grupo de Procesos de Ejecución	Grupo de Procesos de Monitorización y Control
13.1 Identificar a los Interesados	13.2 Planificar la Gestión de los Interesados	13.3 Gestionar la Participación de los Interesados	13.4 Controlar la Participación de los Interesados

Figura 13.1 Vista general del Capítulo 13: Procesos de Gestión de los Interesados

La satisfacción de los interesados debe ser uno de los objetivos clave del proyecto. El área de Gestión de los Interesados del Proyecto comprende cuatro procesos:

1. Identificar a los Interesados,
2. Planificar la Gestión de los Interesados,
3. Gestionar la Participación de los Interesados y
4. Controlar la Participación de los Interesados.

En todo proyecto hay interesados que se verán afectados o que podrán afectar al proyecto de forma más o menos positiva. Los interesados pueden influir en forma desigual en el proyecto y en sus resultados.

13.1 Identificar a los Interesados

Los interesados son personas y organizaciones involucradas activamente en el proyecto, o aquéllos cuyos intereses pueden verse afectados positiva o negativamente por la ejecución del proyecto y/o por la implementación del resultado del proyecto. Dado que pueden ejercer su influencia sobre el proyecto y sobre sus entregables, es esencial identificarlos para poder tratar con ellos de manera preventiva.

Si los interesados y sus requisitos no se identifican correctamente, se corre el riesgo de incrementar el plazo y el costo del proyecto, de reducir la calidad del resultado final, de afectar los niveles de aceptación y por tanto de impactar negativamente el éxito del proyecto. Cuando un interesado no se identifica, se pierde "sólo" el 100% de sus requisitos en esta fase. Asimismo, cuando se identifica más tarde en el ciclo de vida del proyecto (p. ej., durante la implementación y la transferencia) en la mayoría de los casos, se causará un efecto negativo en su visión y expectativas a lo largo del proyecto, y será reacio a realizar trabajos relacionados con el proyecto.

La principal técnica en este proceso se denomina "análisis de los interesados". Una vez que los interesados están inscriptos en el Registro *ad hoc*, se implementan estrategias de gestión en función de su espíritu crítico, de su influencia y de su impacto, con el objetivo de mejorar el grado adhesión de los mismos y de reducir impactos negativos eventuales.

Registro de Interesados para el 17 cumpleaños de Carlos				
Nombre del Interesado	Ejemplos	Expectativas	Poder (Escala 1 – 3)	Interés (Escala 1 – 3)
El que cumple los años	Carlos	Gran fiesta, regalos estupendos	3	3
Los vecinos, no invitados	Sr. Juan	Que puedan entrar en sus casas, que termine a las 10:pm	2	1
Los músicos	Los Moodys	Nuevos clientes	1	2
Los invitados con hijos	Ana y Miguel	Variedad	2	3
El conjunto de amigos invitados	Pedro, Pablo y María	Información previa, que gusten sus regalos	3	3

Figura 13.2 Ejemplo de un Registro de interesados

Análisis de los Interesados

Dado el tiempo limitado y el gran número de interesados que participa, éstos deben clasificarse para asegurar que un enfoque estructurado de las relaciones más importantes contribuya al éxito del producto, así como a su transferencia controlada a otra operación. El análisis de los interesados proporciona un mejor entendimiento al equipo de gestión del proyecto. El análisis debería revisarse periódicamente para permitir ajustes en respuesta a cambios potenciales.

El análisis de los interesados sigue generalmente una secuencia en tres pasos:

- **Paso 1**: Identificar los interesados potenciales del proyecto y su información relevante, así como sus roles, departamentos, intereses, niveles de conocimiento, expectativas y grado de influencia.

- **Paso 2**: Identificar el impacto o apoyo potencial que cada interesado podría generar, y clasificarlos apropiadamente para definir una estrategia de gestión. En las grandes comunidades de interesados, es importante dar la prioridad a los interesados clave, para asegurar el uso eficiente del esfuerzo al comunicar y gestionar sus expectativas. Los modelos más útiles de clasificación son:

  - Matriz de poder/interés, agrupando a los interesados según su nivel de autoridad (poder) y su nivel de preocupación (interés) con respecto a los resultados del proyecto.

  - Matriz de poder/influencia, agrupando a éstos según su nivel de autoridad (poder) y su participación activa (influencia) en el proyecto.

  - Matriz de influencia/impacto, agrupándolos según su nivel de participación activa (influencia) en el proyecto y su capacidad de efectuar cambios en la planificación o ejecución del proyecto (impacto).

  - Modelo de prominencia, describiendo las clases de interesados sobre la base de su poder (capacidad de imponer su voluntad), urgencia (necesidad de atención inmediata) y legitimidad (su participación adecuada).

- **Paso 3**: Evaluar cómo los interesados clave pueden reaccionar o responder en diferentes situaciones, para planificar cómo influir en ellos, aumentar su adhesión y mitigar impactos negativos potenciales.

13.2 Planificar la participación de los interesados

¿Cómo conseguirá el director de proyecto hacer que los interesados participen eficazmente, una vez identificados? La respuesta se halla en este proceso, cuya salida es el establecimiento de un plan claro que permita interactuar con ellos e impulsar los intereses del proyecto. La gestión de los mismos va más allá de la simple mejora de la comunicación, puesto que se busca mantener las relaciones con el equipo del proyecto.

Durante la planificación de la participación de los interesados es conveniente tener en cuenta la participación actual de los interesados identificados, que se establece en la escala de graduación siguiente: desconocedor, reticente, neutral, partidario y líder. Los resultados pueden ser documentados en la matriz de valoración.

Matriz de valoración de la participación de los interesados					
Nombre del interesado	Desconocedor	Reticente	Neutral	Partidario	Líder
Fred Myers		A	D		
Joe Blocks	A			D	
Empleados en la oficina de NYC			AD		
Departamento de pruebas			A	D	
Estado: A= Actual/ D = Deseado					

Figura 13.3 Ejemplo de Matriz de valoración de la participación de los interesados

Como resultado, el Plan de Gestión de los Interesados describe los niveles de participación anteriormente mencionados, las relaciones identificadas, los requisitos de comunicación de los interesados, los plazos y frecuencias de actualización.

13.3 Gestionar la Participación de los Interesados

En este proceso se trata de trabajar con los interesados, respondiendo a sus inquietudes y resolviendo sus problemas con el fin de satisfacer sus necesidades y expectativas. No existen herramientas o técnicas especiales que ayuden en la gestión de las expectativas. Se trata simplemente de llevar a cabo una gestión hábil y de preservar buenas relaciones personales. Para ello, hay que mantener la comunicación y estar al tanto de los resultados que los interesados esperan, de sus preocupaciones y de sus actitudes hacia el proyecto, de donde pueden resultar solicitudes de cambios que deberán ser gestionadas mediante el proceso *ad hoc*. Otras actualizaciones pueden ser consignadas en el Registro de los Interesados, en el Registro de Incidentes y, potencialmente, en la documentación de la estrategia de gestión de los interesados.

13.4 Controlar la Participación de los Interesados

El proceso final en este área de conocimiento consiste en monitorizar las relaciones de los interesados y en ajustar las estrategias y los planes para motivarlos, con la ventaja que así se mantendrá o incrementará la eficacia a medida que el proyecto evoluciona y su entorno cambia.

Anexo A
Glosario

El glosario de la *Guía del PMBOK* está basado en el documento *PMI Lexicon of Project Management Terms*, que ofrece un conjunto estandarizado de términos frecuentes en gestión de proyectos, programas y portafolios, junto con sus definiciones concisas. Para aquellos involucrados en la gestión de proyectos, el documento *PMI Lexicon of Project Management Terms* es importante para promover el entendimiento y el uso consistente de la terminología. Para reforzar este objetivo, el comité de estandarización del PMI utiliza este documento en todos los estándares y publicaciones de Dirección de Proyectos. Este documento puede adquirirse por separado en el *PMI bookstore. PMI Lexicon of Project Management Terms* es gratuito para los socios del PMI. A continuación se reproduce un breve extracto de los términos usados en este libro.

Definiciones

Se le ruega tener en cuenta que algunas de las palabras definidas aquí pueden tener definiciones más amplias y en algunos casos diferentes de las que aparecen en los diccionarios. Las definiciones siguen las siguientes convenciones:

- En algunos casos un solo término del glosario consiste en varias palabras (e.g., *planificación de la respuesta al riesgo*).
- Cuando se incluyen sinónimos, no se proporcionan las definiciones sino que se dirige al lector al término preferido (i.e., véase *término preferido*).
- Para los términos relacionados que no son sinónimos, se hace una referencia cruzada al final de la definición (i.e., véase también *término relacionado*).

Acción Correctiva (Corrective Action). Una actividad intencional que realinea el desempeño del trabajo del proyecto con el plan para la dirección del proyecto.

Acción Preventiva (Preventive Action). Una actividad intencional que asegura que el desempeño futuro del trabajo del proyecto esté alineado con el plan para la dirección del proyecto.

Acta de Constitución (Charter). Véase *acta de constitución del proyecto*.

Acta de Constitución del Proyecto (Project Charter). Un documento emitido por el iniciador del proyecto o patrocinador, que autoriza formalmente la existencia de un proyecto y confiere al director de proyectos la autoridad para aplicar los recursos de la organización a las actividades del proyecto.

Actividad (Activity). Una porción definida y planificada de trabajo ejecutado durante el curso de un proyecto.

Alcance (Scope). La suma de productos, servicios y resultados a ser proporcionados como un proyecto. Véase también *alcance del proyecto y alcance del producto*.

Alcance del Producto (Product Scope). Los rasgos y funciones que caracterizan a un producto, servicio o resultado.

Alcance del Proyecto (Project Scope). El trabajo realizado para entregar un producto, servicio o resultado con las funciones y características especificadas.

Amenaza (Threat). Riesgo que tendría un efecto negativo sobre uno o más objetivos del proyecto.

Análisis DAFO (SWOT Analysis). Análisis de Fortalezas, Oportunidades, Debilidades y Amenazas de una organización, proyecto u opción.

Área de Aplicación (Application Area). Una categoría de proyectos que tienen componentes comunes significativos pero que no están presentes, ni son necesarios en todos los proyectos. Por lo general, las áreas de aplicación se definen en términos del producto (es decir, por tecnologías o métodos de producción similares) o del tipo de cliente (es decir, interno contra externo, gubernamental contra comercial) o del sector de la industria (es decir, servicios públicos, automoción, aeroespacial, tecnologías de la información, etc.). Las áreas de aplicación pueden superponerse.

Área de Conocimiento de la Dirección de Proyectos (Project Management Knowledge Area). Un área identificada de la dirección de proyectos definida por sus requisitos de conocimientos y que se describe en términos de sus procesos, prácticas, datos iniciales, resultados, herramientas y técnicas que los componen.

Calidad (Quality). El grado en el que un conjunto de características inherentes satisface los requisitos.

Cambio en el Alcance (Scope Change). Cualquier cambio en el alcance del proyecto. Un cambio en el alcance casi siempre requiere un ajuste del costo o del cronograma del proyecto.

Ciclo de Vida del Producto (Product Life Cycle). La serie de fases que representan la evolución de un producto, desde el concepto hasta la entrega, el crecimiento, la madurez y el retiro.

Ciclo de Vida del Proyecto (Project Life Cycle). La serie de fases que atraviesa un proyecto desde su inicio hasta su cierre.

Comprador (Buyer). Persona que adquiere productos, servicios o resultados para una organización.

Compresión del Cronograma (Schedule Compression). Técnicas utilizadas para acortar la duración del cronograma sin reducir el alcance del proyecto.

Contingencia (Contingency). Un evento o una ocurrencia que podría afectar la ejecución del proyecto y que puede tenerse en cuenta con una reserva.

Controlar / Control (Control). Comparar el desempeño real con el desempeño planificado, analizar las variaciones, evaluar las tendencias para realizar mejoras en los procesos, evaluar las alternativas posibles y recomendar las acciones correctivas apropiadas según sea necesario.

Control de Cambios (Change Control). Un proceso por medio del cual se identifican, documentan, aprueban o rechazan las modificaciones de documentos, entregables o líneas base asociados con el proyecto.

Corrupción o deslizamiento del Alcance (Scope Creep). La expansión no controlada del alcance del producto o proyecto sin ajustes de tiempo, costo y recursos.

Criterios de Aceptación (Acceptance Criteria). Un conjunto de condiciones que debe cumplirse antes de que se acepten los entregables.

Defecto (Defect). Una imperfección o deficiencia en un componente de un proyecto, que hace que dicho componente no cumpla con sus requisitos o especificaciones y deba ser reparado o reemplazado.

Diagrama de Gantt (Gantt Chart). Un diagrama de barras con información del cronograma donde las actividades se enumeran en el eje vertical, las fechas se muestran en el eje horizontal y las duraciones de las actividades se muestran como barras horizontales colocadas según las fechas de inicio y finalización.

Diagrama de Pareto (Pareto Diagram). Un histograma, ordenado por la frecuencia de ocurrencia, que muestra cuantos resultados fueron generados por cada causa identificada.

Dirección del Programa (Program Management). La aplicación de conocimientos, habilidades, herramientas y técnicas a un programa para satisfacer los requisitos del programa y para obtener beneficios y control no disponibles cuando los proyectos se dirigen individualmente.

Dirección de Proyectos (Project Management). La aplicación de conocimientos, habilidades, herramientas y técnicas a actividades del proyecto para cumplir con los requisitos del mismo.

Director del Proyecto (Project Manager PM). La persona nombrada por la organización ejecutante para liderar al equipo que es responsable de alcanzar los objetivos del proyecto.

Equipo de Dirección del Proyecto (Project Management Team). Los miembros del equipo del proyecto que participan directamente en las actividades de dirección del mismo. En algunos proyectos más pequeños, el equipo de dirección del proyecto puede incluir prácticamente a todos los miembros del equipo del proyecto.

Ejecutar (Execute). Dirigir, gestionar, realizar y llevar a cabo el trabajo del proyecto, proporcionar los entregables y brindar información sobre el desempeño del trabajo.

Ejecución rápida (Fast Tracking). Una técnica de compresión del cronograma en la que actividades o fases que normalmente se realizan en secuencia se llevan a cabo en paralelo por menos durante una parte de su duración.

Entregable (Deliverable). Cualquier producto, resultado o capacidad de prestar un servicio único y verificable que debe producirse para terminar un proceso, una fase o un proyecto.

Enunciado del Trabajo (Statement of Work SOW). Descripción narrativa de los productos, servicios o resultados a ser entregados por el proyecto.

Esfuerzo (Effort). La cantidad de unidades laborales necesarias para terminar una actividad del cronograma o un componente de la estructura de desglose del trabajo, generalmente expresado en horas, días o semanas de trabajo.

Especificaciones (Specification). Un documento que expresa de manera completa, precisa y verificable, los requisitos, el diseño, el comportamiento y otras características de un sistema, componente, producto, resultado o servicio así como los procedimientos para determinar si se ha cumplido con estas disposiciones. Algunos ejemplos son: especificaciones de requisitos, especificaciones de diseño, especificaciones del producto y especificaciones de prueba.

Estándar (Standard). Documento que provee, para uso común y repetitivo, las reglas, pautas o características que deberían cumplir las actividades (o sus resultados), a fin de obtener un óptimo grado de orden en un contexto dado.

Estimado (Estimate). Una evaluación cuantitativa del monto o resultado probable. Habitualmente se aplica a los costos, recursos, esfuerzo y duraciones de los proyectos y normalmente va seguido de un modificador (p.ej., preliminar, conceptual, de factibilidad, de orden de magnitud, definitivo). Siempre debería incluir alguna indicación de exactitud (p.ej., ± x por ciento). Véase también *presupuesto y costo*.

Estructura de Desglose del Trabajo EDT (Work Breakdown Structure WBS). Una descomposición jerárquica del alcance total del trabajo a ser realizado por el equipo del proyecto para cumplir con los objetivos del proyecto y crear los entregables requeridos.

Factores Ambientales de la Empresa (Enterprise Environmental Factors). Condiciones que no están bajo el control directo del equipo y que influyen, restringen o dirigen el proyecto, programa o portafolio.

Fase del Proyecto (Project Phase). Un conjunto de actividades del proyecto relacionadas lógicamente que culmina con la finalización de uno o más entregables.

Fecha Impuesta (Imposed Date). Una fecha fija impuesta sobre una actividad del cronograma, habitualmente expresada como una fecha que exige "comenzar después del" y "finalizar antes del".

Fundamentos para la Dirección de Proyectos (Project Management Body of Knowledge PMBOK). Una expresión inclusiva que describe la suma de conocimientos de la profesión de Dirección de Proyectos. Al igual que en otras profesiones, como la abogacía, la medicina y las ciencias económicas, los fundamentos se apoyan en los usuarios y académicos que los aplican y desarrollan. El conjunto de los Fundamentos para la Dirección de Proyectos incluye prácticas tradicionales comprobadas y ampliamente utilizadas, así como prácticas innovadoras emergentes para la profesión. Los fundamentos incluyen tanto material publicado como no publicado. Estos fundamentos están en constante evolución. La *Guía del PMBOK®* identifica un subconjunto de Fundamentos de la Dirección de Proyectos generalmente reconocido como buenas prácticas.

Gerente Funcional (Functional Manager). Alguien con autoridad de dirección sobre una unidad de la organización dentro de una organización funcional. El gerente de cualquier grupo que efectivamente realiza un producto o presta un servicio. A veces se le denomina gerente de línea.

Gestión del Valor Ganado (Earned Value Management). Una metodología que combina medidas de alcance, cronograma y recursos para evaluar el desempeño y el avance del proyecto.

Gestión de Portafolio (Portfolio Management). La gestión centralizada de uno una o más portafolios a fin de alcanzar los objetivos estratégicos (También llamado cartera).

Grado (Grade). Categoría o escala que se utiliza para distinguir elementos que tienen el mismo uso funcional (p.ej., "martillo") pero que no comparten los mismos requisitos de calidad (p.ej., distintos martillos pueden tener resistencia a distintos grados de fuerza).

Hito (Milestone). Un punto o evento significativo dentro de un proyecto, programa o portafolio.

Holgura (Float). También se denomina margen. Véase *holgura total y holgura libre*.

Holgura Libre (Free Float). La cantidad de tiempo que una actividad del cronograma puede demorarse sin retrasar la fecha de inicio temprana de ningún sucesor ni violar ninguna restricción del cronograma.

Holgura Total (Total Float). La cantidad de tiempo que una actividad del cronograma puede demorarse o extenderse respecto de su fecha de inicio temprana sin retrasar la fecha de finalización del proyecto ni violar ninguna restricción del cronograma.

Incidente (Issue). Un punto o asunto cuestionado o sobre el que existe una controversia, o que no se ha resuelto y se está analizando, o en el que existen posiciones opuestas o desacuerdo.

Informes de Desempeño o Ejecución (Performance Reports). Véase *informes de desempeño del trabajo*.

Ingeniería del Valor (Value Engineering). Enfoque utilizado para optimizar los costos del ciclo de vida del proyecto, ahorrar tiempo, aumentar las ganancias, mejorar la calidad, ampliar la participación en el mercado, resolver incidentes, y/o utilizar recursos de forma más efectiva.

Intensificación (Crashing). Una técnica utilizada para acortar la duración del cronograma con el menor incremento de costo mediante la suma de recursos.

Interesado (Stakeholder). Un individuo, grupo u organización que puede afectar, verse afectado, o percibirse a sí mismo como posible afectado por una decisión, actividad o resultado de un proyecto.

Lecciones Aprendidas (Lessons Learned). El conocimiento adquirido durante un proyecto el cual muestra cómo se abordaron o deberían abordarse en el futuro los eventos del proyecto, a fin de mejorar el desempeño futuro.

Línea Base (Baseline). La versión aprobada de un producto de trabajo que sólo puede cambiarse mediante procedimientos formales de control de cambios y que se usa como base de comparación.

Línea Base de Costos (Cost Baseline). La versión aprobada del presupuesto del proyecto con fases de tiempo, excluida cualquier reserva de gestión, la cual sólo puede cambiarse a través de procedimientos formales de control de cambios y se utiliza como base de comparación con los resultados reales.

Línea Base del Alcance (Scope Baseline). La versión aprobada de un enunciado del alcance, estructura de desglose del trabajo (EDT), y su diccionario de la EDT asociado, que sólo puede cambiarse a través de procedimientos formales de control de cambios y que se utiliza como base de comparación.

Línea Base del Cronograma (Schedule Baseline). La versión aprobada de un modelo de programación que sólo puede cambiarse a través de procedimientos formales de control de cambios y que se utiliza como base de comparación con los resultados actuales.

Línea Base para la Medición del Desempeño (Performance Measurement Baseline PMB). Un plan aprobado para el trabajo del proyecto con respecto al cual se compara la ejecución del proyecto y se miden las desviaciones con el fin de tomar acciones correctivas o preventivas. Por lo general, la referencia para la medición del desempeño incluye los parámetros de alcance, cronograma y costo de un proyecto. La PMB incluye la reserva para contingencias, pero excluye la reserva de gestión.

Metodología (Methodology). Un sistema de prácticas, técnicas, procedimientos y normas utilizado por quienes trabajan en una disciplina.

Objetivo (Objective). Una meta hacia la cual se debe dirigir el trabajo, una posición estratégica que se quiere lograr, un fin que se desea alcanzar, un resultado a obtener, un producto a producir o un servicio a prestar.

Oficina de Dirección de Proyectos (Project Management Office PMO). Una estructura de la organización que estandariza los procesos de gobernabilidad relacionados con el proyecto y facilita el intercambio de recursos, metodologías, herramientas y técnicas.

Oportunidad (Opportunity). Un riesgo que tendría un efecto positivo sobre uno o más objetivos del proyecto.

Organización Ejecutora (Performing Organization). Una empresa cuyo personal está directamente involucrado en realizar el trabajo del proyecto o del programa.

Organización Funcional (Functional Organization). Una organización jerárquica en la cual cada empleado tiene definido claramente un superior y el personal está agrupado por áreas de especialización dirigidas por una persona con experiencia en esa área.

Organización Matricial (Matrix Organization). Una estructura de organización en la cual el director del proyecto comparte con los gerentes funcionales la responsabilidad de asignar prioridades y de dirigir el trabajo de las personas asignadas al proyecto.

Paquete de Trabajo (Work Package). El trabajo definido en el nivel más bajo de la estructura de desglose del trabajo para el cual se puede estimar y gestionar el costo y la duración.

Patrocinador (Sponsor). Una persona o grupo que provee recursos y apoyo para el proyecto, programa o portafolio y que es responsable de facilitar su éxito.

Plan para la Administración de Personal (Staffing Management Plan). Un componente de la planificación de los recursos humanos que describe cuándo y el modo en que serán adquiridos los miembros del equipo del proyecto y por cuánto tiempo serán requeridos.

Plan para la Dirección del Proyecto (Project Management Plan). El documento que describe el modo en que el proyecto será ejecutado, monitoreado y controlado.

Plantillas (Templates). Documento parcialmente completo en un formato preestablecido, que proporciona una estructura definida para recopilar, organizar y presentar información y datos.

Portafolio (Portfolio). Proyectos, programas, subportafolios y operaciones gestionados como un grupo para alcanzar los objetivos estratégicos.

Presupuesto (Budget). La estimación aprobada para el proyecto o cualquier componente de la estructura de desglose del trabajo o actividad del cronograma.

Producto (Product). Un artículo producido, que es cuantificable y que puede ser un elemento terminado o un componente. Otras palabras para hacer referencia a los productos son materiales y bienes. Compárese con resultado. Véase también *entregable*.

Programa (Program). Un grupo de proyectos, subprogramas y actividades de programas relacionados cuya gestión se realiza de manera coordinada para obtener beneficios que no se obtendrían si se gestionaran en forma individual.

Pronóstico (Forecast). Una estimación o predicción de condiciones y eventos futuros para el proyecto, basada en la información y el conocimiento disponibles en el momento de realizar el pronóstico. La información se basa en el desempeño pasado del proyecto y en el desempeño previsto para el futuro, e incluye información que podría ejercer un impacto sobre el proyecto en el futuro, tal como la estimación a la conclusión y la estimación hasta la conclusión.

Proyecto (Project). Un esfuerzo temporal que se lleva a cabo para crear un producto, servicio o resultado único.

Reclamación (Claim). Una solicitud, demanda o declaración de derechos realizada por un vendedor con respecto a un comprador, o viceversa, para su consideración, compensación o pago en virtud de los términos de un contrato legalmente vinculante, como puede ser el caso de un cambio que es objeto de disputa.

Recurso (Resource). Recursos humanos especializados (disciplinas específicas, ya sea en forma individual o en equipos o grupos), equipos, servicios, suministros, materias primas, materiales, presupuestos o fondos.

Registro de Riesgos (Risk Register). Un documento en el cual se registran los resultados del análisis de riesgos y de la planificación de la respuesta a los riesgos.

Regulación (Regulation). Requisitos impuestos por una entidad gubernamental. Estos requisitos pueden establecer las características del producto, del proceso o del servicio (incluidas las disposiciones administrativas aplicables) que son de cumplimiento obligado, exigido por el gobierno.

Requisito (Requirement). También conocido como Requerimiento) Una condición o capacidad que debe estar presente en un producto, servicio o resultado para satisfacer un contrato u otra especificación formalmente impuesta.

Reserva (Reserve). Provisión de fondos en el plan para la dirección del proyecto para mitigar riesgos del cronograma y/o costos. Se utiliza a menudo con un modificador (p.ej., reserva de gestión, reserva para contingencias) con el objetivo de proporcionar más detalles sobre qué tipos de riesgos se pretende mitigar.

Reserva para Contingencias (Contingency Reserve). Presupuesto dentro de la línea base de costo o línea base para la medición del desempeño que se asigna a riesgos identificados que son aceptados y para los cuales se desarrollan respuestas de contingencia o mitigación.

Restricción (Constraint). Un factor limitante que afecta la ejecución de un proyecto, programa, portafolio o proceso.

Riesgo (Risk). Un evento o condición incierta que, si se produce, tiene un efecto positivo o negativo en uno o más de los objetivos de un proyecto.

Riesgo Residual (Residual Risk). Riesgo que permanece después de haber implementado las respuestas a los riesgos.

Ruta Crítica (Critical Path). La secuencia de actividades que representa el camino más largo a través de un proyecto, lo cual determina la menor duración posible.

Sistema de Gestión de la Configuración (Configuration Management System). Un subsistema del sistema de dirección de proyectos general. Es un conjunto de procedimientos formalmente documentados que se utilizan para implementar la dirección y supervisión técnica y administrativa para identificar y documentar las características funcionales y físicas de un producto, resultado, servicio o componente; controlar cualquier cambio a dichas características; registrar e informar cada cambio y su estado de implementación; y brindar apoyo a la auditoría de productos, resultados o componentes para verificar su conformidad con los requisitos. Incluye la documentación, los sistemas de rastreo y la definición de los niveles de aprobación necesarios para autorizar y controlar los cambios.

Solicitud de Cambio (Change Request). Una propuesta formal para modificar cualquier documento, entregable o línea base.

Solicitud de Cotización (Request for Quotation RFQ). Un tipo de documento de adquisición que se utiliza para solicitar cotizaciones de precio a posibles vendedores de productos o servicios comunes o estándar. A veces se utiliza en lugar de la solicitud de propuesta y en algunas áreas de aplicación, es posible que tenga un significado más limitado o específico.

Solicitud de Información (Request for Information RFI). Un tipo de documento de adquisición por el cual el comprador solicita al posible vendedor que proporcione una determinada información relacionada con un producto, servicio o capacidad del vendedor.

Solicitud de Propuesta (Request for Proposal RFP). Un tipo de documento de adquisición que se utiliza para solicitar propuestas de posibles vendedores de productos o servicios. En algunas áreas de aplicación puede tener un significado más limitado o específico.

Supuesto (Assumption). Un factor del proceso de planificación que se considera verdadero, real o cierto, sin prueba ni demostración.

Solución Alternativa (Workaround). Una respuesta a una amenaza que ha ocurrido, para la cual no se había planificado una respuesta anterior, o ésta no había sido efectiva.

Tolerancia al Riesgo (Risk Tolerance). El grado, cantidad o volumen de riesgo que resistirá una organización o individuo.

Validación (Validation). El proceso realizado para asegurar que un producto, servicio o sistema cumple con las necesidades del cliente y de otros interesados identificados. A menudo implica corroborar la aceptación y conveniencia con clientes externos. Compárese con verificación.

Valor Ganado (Earned Value EV). La cantidad de trabajo ejecutado a la fecha, expresado en términos del presupuesto autorizado para ese trabajo.

Variación (Variance). Desviación, cambio o divergencia cuantificable con respecto a una línea base o valor esperado.

Vendedor (Seller). Un distribuidor o proveedor de productos, servicios o resultados a una organización.

Verificación (Verification). Proceso que consiste en evaluar si un producto, servicio o sistema cumple o no con determinada regulación, requisito, especificación o condición impuesta. A menudo se trata de un proceso interno. Compárese con validación.

Sobre los autores

Paul Snijders, PMP, inició su carrera como director de proyectos de tecnologías de la información en 1989. En los años 90 Paul dirigió proyectos TIC en los sectores de logística, financiero, artes gráficas, de petróleo y gas. Trabajó como director de proyectos para compañías como KPN, Hewlett-Packard y Atos-Origin y posteriormente de forma independiente, siempre en el sector de los ERP, especialmente en la parte de logística y recursos humanos. En 2001 y 2012 participó en la implantación de una nueva versión de sistema de administración de pensiones para el Fondo de Pensiones de miembros de las Naciones Unidas en Nueva York.

Paul está certificado como director de proyecto desde hace mucho tiempo.

En 1997 obtuvo el certificado en dirección de proyectos Nivel B de la renovada Asociación Internacional de Dirección de Proyectos (IPMA).

Pese a ser defensor de la escuela ecléctica de la dirección de proyectos, Paul quedó impresionado por la riqueza de la metodología de dirección de proyectos PRINCE2. En 2001 obtuvo el certificado PRINCE2 Practitioner.

En su búsqueda de la excelencia, Paul se encontró con el Project Management Institute y su estándar de dirección de proyectos contenido en el Cuerpo de Conocimiento de la Dirección de Proyectos (*PMBOK® Guide*). En 2005 obtuvo el certificado Project Management Professional (PMP).

Desde 1999 Paul ha impartido formación en Fundamentos de Dirección de Proyectos a profesionales de los negocios y las tecnologías de la información. Cientos de participantes han disfrutado del estilo formativo de Paul: alta velocidad, sentido del humor y precisión. Paul les guiará a través del escenario de la dirección de proyectos. Mas allá de las metodologías, les enseñará los trucos que realmente funcionan y que pueden significar la diferencia entre el éxito y el fracaso.

En los últimos tiempos Paul ha actuado como conferenciante motivador de distintas audiencias en temas candentes de la dirección de proyectos. Lo que impulsa a Paul es transmitir su mensaje a cuantos quieran oírlo: sólo los directores de proyecto competentes tendrán éxito al gestionar proyectos que satisfagan a sus clientes e interesados.

Thomas Wuttke, PMP, PMI-RMP, PMI-ACP, CSM, es licenciado en informática por la Universidad de Ciencias Aplicadas de Karlsruhe, Alemania y ha trabajado más de 20 años en grandes proyectos de integración TIC en los sectores público y privado. Tiene una gran experiencia en dirección de proyectos y programas y ha sido director general y responsable ejecutivo. Thomas fue socio internacional en las oficinas centrales en Bélgica de Threon Europa después que su propia empresa de consultoría en dirección de proyectos, *9:pm*, se fusionara en 2006 con el grupo Threon.

En 1996 Thomas obtuvo la certificación del IPMA Nivel B, logró la credencial PMP y fue uno de los primeros directores de proyecto certificados por PMI en Alemania. También trabajó como director de la Junta Directiva del Centro de Certificación del PMI y fue presidente del PMI Capítulo de Múnich durante cinco años. Thomas fue pionero en la traducción alemana de la *Guía del PMBOK®* antes de que el estándar del PMI estuviera disponible en su forma definitiva incorporando 11 idiomas. Ha publicado varios artículos y es el autor principal de *Das PMP-Examen*, un libro para prepararse para el examen PMP.

Thomas es un reconocido e inspirador instructor, consultor, entrenador y orador en Europa, China, Corea, Japón, India, Brasil y Estados Unidos.

Sus temas favoritos son la alineación de la estrategia con proyectos y programas, mejorar la madurez de las organizaciones, introducir la gestión real y práctica de los riesgos, así como estrategias de gestión en proyectos ágiles.

Thomas está casado, tiene tres hijos y vive en las cercanías de Múnich, donde disfruta de la mentalidad bávara, la navegación y la práctica del montañismo.

Anton Zandhuis, PMP, comenzó su carrera profesional en 1989 con la Organización Holandesa para la Investigación Científica Aplicada (TNO). Trabajó en grandes proyectos internacionales de investigación, centrándose en temas gestión financiera, de negocio y de proyectos. Después trabajó en Arthur Andersen gestionando proyectos de implementación de ERP, y más tarde en Deloitte, convirtiéndose en responsable de los directores de proyectos TIC, implementando proyectos, programas y el portafolio de buenas prácticas, así como desarrollando y aplicando el alineamiento del negocio con las TIC. En 2006 se incorporó como ejecutivo en Threon, una reconocida marca europea que colabora con las empresas aplicando la excelencia en la gestión de proyectos. Actualmente, como Director de la Academia de Dirección de Proyectos de Threon, Anton tutela la gestión de entregas, programas y carteras de proyectos, así como en el asesoramiento y formación a las organizaciones en distintas áreas de aplicación (p.ej. TIC, producción, finanzas, I+D) a nivel internacional.

Además de su continuo desarrollo en la profesión de gestión de proyectos, fue uno de los co-fundadores del Capítulo del PMI de Holanda (fundado en 2000 – miembro de honor), siendo miembro de la Junta Directiva durante varios años ejerciendo diferentes roles, y convirtiéndose en miembro del Consejo Holandés de publicaciones del Capítulo del PMI en Holanda. Participó en el equipo de revisión de la primera traducción al holandés de la *Guía del PMBOK*® 3ª edición (publicada en 2006) y dirigió la traducción holandesa de la Guía PMBOK® 4ª edición (publicada en mayo de 2009). Fue director de proyecto y co-autor de una publicación holandesa donde se explica la aplicación práctica de la ISO 21500 "Guidance on Project management" (publicado por NEN – noviembre de 2012). Está certificado como PMP y PRINCE2 Practitioner.

La motivación de Anton es compartir su pasión y entusiasmo por la profesión de dirección de proyectos, por ello trata de trabajar junto con otras personas en entornos innovadores. Él cree que, cuando se aplica de forma pragmática, se consiguen equipos motivados, más focalizados y eficaces, obteniendo lo mejor de las personas, garantizando un mayor éxito en proyectos y entregables de programas, y en consecuencia como resultado, soluciones de negocio más sostenibles.

Anton está casado, tiene dos hijos y vive en Delft, donde disfruta cocinando con la familia y amigos y conduciendo su moto.

Vista de los 47 procesos de dirección de proyectos por áreas y grupos de procesos

Cap.	Áreas	Inicio	Planificación	Ejecución	Control	Cierre
			Grupos de Procesos			
4	Integración	4.1 Desarrollar el Acta de Constitución del Proyecto	4.2 Desarrollar el Plan para la Dirección del Proyecto	4.3 Dirigir y Gestionar el Trabajo del Proyecto	4.4 Monitorizar y Controlar el Trabajo del Proyecto 4.5 Realizar el Control Integrado de Cambios	4.6 Cerrar el Proyecto o Fase
5	Alcance		5.1 Planificar la Gestión del Alcance 5.2 Recopilar Requisitos 5.3 Definir el Alcance 5.4 Crear la EDT		5.5 Validar el Alcance 5.6 Controlar el Alcance	
6	Tiempo		6.1 Planificar la Gestión del Cronograma 6.2 Definir las Actividades 6.3 Secuenciar las Actividades 6.4 Estimar los Recursos de las Actividades 6.5 Estimar la Duración de las Actividades 6.6 Desarrollar el Cronograma		6.7 Controlar el Cronograma	
7	Costos		7.1 Planificar la Gestión de Costos 7.2 Estimar los Costos 7.3 Determinar el Presupuesto		7.4 Controlar los Costos	
8	Calidad		8.1 Planificar la Gestión de Calidad	8.2 Realizar el Aseguramiento de Calidad	8.3 Controlar la Calidad	
9	Recursos Humanos		9.1 Planificar la Gestión de Recursos Humanos	9.2 Adquirir el Equipo del Proyecto 9.3 Desarrollar el Equipo del Proyecto 9.4 Dirigir el Equipo del Proyecto		
10	Comunicaciones		10.1 Planificar la Gestión de las Comunicaciones	10.2 Gestionar las Comunicaciones	10.3 Controlar las Comunicaciones	
11	Riesgos		11.1 Planificar la Gestión de Riesgos 11.2 Identificar los Riesgos 11.3 Realizar el Análisis Cualitativo de Riesgos 11.4 Realizar el Análisis Cuantitativo de Riesgos 11.5 Planificar la Respuesta a los Riesgos		11.6 Controlar los Riesgos	
12	Adquisiciones		12.1 Planificar la Gestión de las Adquisiciones del Proyecto	12.2 Efectuar las Adquisiciones	12.3 Controlar las Adquisiciones	12.4 Cerrar las Adquisiciones
13	Interesados	13.1 Identificar a los Interesados	13.2 Planificar la Gestión de los Interesados	13.3 Gestionar la Participación de los Interesados	13.4 Controlar la Participación de los Interesados	

www.ingramcontent.com/pod-product-compliance
Lightning Source LLC
Chambersburg PA
CBHW070403200326
41518CB00011B/2036